찬바람
불면 ,
　손
　뜨
　개

찬바람
불면,
손뜨개

1판 1쇄 인쇄 2015년 10월 15일 | 1판 1쇄 발행 2015년 10월 25일

지은이 송영예 · 필다르
발행인 김재호 | **출판편집인 · 출판국장** 박태서 | **출판팀장** 이기숙

기획 · 편집 정세영 | **아트디렉터** 김영화 | **디자인** 이슬기 | **도안디자인** 정영경
교정 조창원 | **마케팅** 이정훈 · 정택구 · 박수진
펴낸곳 동아일보사 | **등록** 1968.11.9(1-75) | **주소** 서울시 서대문구 충정로 29(03737)
마케팅 02-361-1030~3 | **팩스** 02-361-1040 | **편집** 02-361-0936
홈페이지 http://books.donga.com | **인쇄** 중앙문화인쇄

ISBN 979-11-85711-90-4 13590 | **값** 13,000원

찬바람 불면 , 손뜨개

。

모자

목도리

숄

송영예 · 필다르 지음

동아일보사

Bonjour!

독자 여러분 안녕하세요. 프랑스 손뜨개 잡지 「필다르」입니다. 앞서 송영예 선생님과 합작해 펴낸 「내 아이가 좋아하는 옷」, 「내 아이가 좋아하는 옷 French Style」이 많은 사랑을 받고 있다는 소식을 들었습니다. 한국 독자가 좋아할 만한 옷들을 골라 엮는 작업은 저희에게도 재미있고 의미 있는 시간이었습니다. 프랑스에서 인기 있는 작품이 한국에서도 좋은 반응을 얻을지 궁금했거든요. 한국에서 출간된 책을 받아 보고 우리 직원 모두 놀랐던 기억이 아직도 생생하네요. 프랑스에서 극찬을 받은 클래식하고 고급스러운 작품만 쏙쏙 골라 아주 잘 소개되어 있더군요. 역시 손뜨개를 사랑하는 사람들의 안목은 비슷하다는 걸 다시 한 번 깨달았죠.

앞서 출간한 책에는 아이를 위한 작품만 있어 아쉬워하는 독자가 많다는 이야기를 들었습니다. 그래서 이번 책에는 성인 제품을 위주로, 모티프와 응용뜨기로 연출할 수 있는 겨울철 필수 아이템인 모자, 목도리 그리고 숄을 담았습니다. 짧은 시간에 간단히 만들 수 있어 특히 초보자에게 권할 만합니다. 이미 손뜨개에 익숙하다면 자신만의 스타일로 변형해도 좋아요. 남녀 모두에게 어울리는 스타일이니 여러 가지 컬러로 만들어 가족이나 연인의 커플룩으로도 활용해보세요.

사실 작품을 선정하는 과정이 수월진 않았습니다. 트렌드 중심으로 할지, 오랫동안 사용할 수 있는 심플한 아이템 위주로 담을지 고민이 많았거든요. 한국과 프랑스에서 좋은 반응을 얻은 손뜨개 소품 책을 참고하며, 트렌드에 맞으면서도 질리지 않는 작품들만 선별했습니다. 프랑스 패셔니스타들이 선택한 아이템이니 절대 실망하지 않으실 거예요. 직접 뜬 손뜨개 소품을 착용해본 사람이라면 그게 얼마나 소중한 경험이고 누군가에게는 잊지 못할 선물인지 알 수 있지요. 찬바람 부는 패셔니스타의 계절, 여러분만의 예쁜 추억 만드시길 바랍니다.

필다르 Phildar

CONTENTS

PART 2 DIY DICTIONARY

───── **Basic Of Sewing** ─────

SNOW

PART 1

IT ITEM

패셔니스타들이 선택한 모자, 목도리, 숄…
스타일과 보온성을 모두 만족시키는 잇 아이템

Hat : 모자

**방울 달린 귀마개 모자부터 빈티지 스타일 베레모까지
다양한 컬러와 패턴을 믹스해 개성 있는 모자 만들기!**

방울 달린
귀마개 모자

한겨울에 꼭 필요한 귀마개 모자예요.
귀를 먼저 뜬 후 모자를 만들어 연결해요.
귀마개 아랫단에 실을 달아 땋고,
자투리 실을 느슨하게 감아
방울을 만들면 완성.
신축성 좋은 파트너 실로 만들어
활동하는 데도 부담스럽지 않아요.

how to make 78

스퀘어 무늬 모자

사각 모양 짜임의 모자는
쉽고 빨리 뜰 수 있어
초보자에게 권할 만한 아이템이에요.
아랫단을 메리야스뜨기로
깔끔하게 마무리한 뒤
고무단을 넣는 게 포인트!
아랫단이 돌돌 말려 자연스럽고
잘 벗겨지지 않아요.
기본 중의 기본 아이템이라
남녀 모두에게 잘 어울려요.

how to make 82

코튼 캔디 모자

나만의 개성을 담은 모자를 만들고 싶다면
솜사탕을 연상시키는 루핑 실을 활용해봐요.
실의 짜임이 흔하지 않아
독특한 느낌을 연출할 수 있어요.
전체적으로 사용하기 부담스러우면
무늬를 넣거나 방울을 만들어 장식해도 좋아요.

how to make 86

빈티지 스타일
베레모

빈티지 스타일을 연출하는 아이템으로
베레모만 한 것도 없을 거예요.
퍼플 컬러는 블랙 헤어와 잘 어울려
모자를 만들 때 자주 사용하지요.
하지만 별다른 포인트가 없다면 금방 지루해져요.
다양한 모티프를 넣은 후
겉뜨기와 안뜨기를 번갈아 하며 만든
구슬 모양을 달아 단조로움을 피하세요.
느슨하게 풀린 웨이브 헤어에 살짝 얹으면
펑키한 느낌을 연출할 수 있어요.

how to make 84

모피 방울 모자

어디서든 편안하게 쓸 수 있는
모자 하나면 멋스럽게 연출할 수 있어요.
가을부터 한겨울까지 쓸 수 있어
패션뿐 아니라 실용성까지 더한 모자는
방울을 바꿔 다는 것만으로도
다양한 이미지를 만들어주지요.
자연스럽게 개성을 표현하고 싶을 때
좋은 아이템이에요.

how to make 77

그물 패턴 모자

촘촘한 그물 패턴이 눈길을 끄는 모자예요.
가볍고 세련된 스타일을 좋아하면 얇은 실을,
차분하고 모던한 이미지를 연출하고 싶다면
두꺼운 실을 사용해요. 아랫단은 더블겉뜨기로
뜬 후 고무단을 쨍쨍하게 넣어야
흘러내리지 않고 쓰고 벗기도 편해요.

how to make 88

트위스트 모자

뜨개질에 자신이 있다면
대바늘과 꽈배기바늘을 번갈아 떠
트위스트 무늬를 넣은 모자를 만들어봐요.
뜨는 데 시간은 좀 더 걸리지만
완성됐을 때 짜임이 고급스러워
고생한 만큼 만족감을 느낄 수 있어요.
길이가 길고 방울이 달려 있어
모자가 뒤로 벗겨질 수 있어요.
눈썹 위까지 내려 쓴 후 방울을 한쪽으로
기울이면 잘 벗겨지지 않고 세련돼 보여요.

how to make 90

트리플 컬러 모자

모자에 무늬를 넣는 방법은
보통 두 가지예요.
실의 색을 바꾸거나
짜임을 달리하는 것.
세 가지 컬러의 실을 이어뜨고
꽈배기 무늬를 넣은 이 모자는
두 가지 방법을 모두 이용했어요.
여러 가지 컬러로 뜨개질을 할 때
비슷한 느낌의 실만 사용하면
밋밋해 보일 수 있어요.
한두 가지 포인트 컬러를 믹스해
개성 있게 연출해봐요.

how to make 92

Muffler

: 목도리

후드 목도리부터 투 톤 블록 넥워머까지
어깨에 걸치거나 목에 둘러 포근함과 우아함을 한 번에!

패치워크 목도리

다양한 스티치만으로도 특별함이 느껴지죠.
여기에 부드러운 라피도 실의 기분 좋은 촉감까지!
다양한 컬러로 스트라이프, 꽈배기,
벌집 무늬를 넣어 직사각형 모양을 만들어요.
봉제실로 연결한 뒤 굵은 블랙 실로
스티치를 주면 완성! 단색 외투나
무늬가 큰 티셔츠 위에 코디하면 포인트가 돼요.

how to make 96

후드 목도리

남녀 모두 멋스럽게 두를 수 있는
필수 캐주얼 아이템이에요.
멍석뜨기와 가터뜨기로 색을 바꿔가며 이어떠요.
머리와 목을 동시에 감싸 따뜻하면서도
머플러처럼 앞으로 길게 늘어지지 않아
살짝 걸치기만 해도 스타일리시해 보여요.

how to make 100

투 톤 블록 넥워머

스티치가 없는 넥워머는
겉뜨기와 안뜨기만 알면
누구나 뜰 수 있을 만큼 쉬워요.
겉뜨기 한 무늬, 안뜨기
한 무늬씩 번갈아 뜨다가
1코 고무단으로 마무리해요.
목에 달라붙지 않도록
여유 있게 뜨는 게 포인트!
윗단과 아랫단을 안으로 말아 넣으면
터틀넥 느낌도 낼 수 있어요.

how to make 106

믹스 앤 매치 목도리

두툼한 실에 모티프를 믹스해
스타일리시하고 따뜻한 목도리예요.
1코 2단 멍석뜨기 더블걸뜨기로
직사각형 14개를 만든 후 모든 코를 코막음해요.
직사각형 무늬에 맞춘, 비슷한 색상의 실로
연결해 깔끔하게 마무리하세요.

how to make 102

꽈배기 패턴 목도리

단순한 패턴도 어떤 컬러와 매치하느냐에 따라 달라 보이죠.

겨울 소품의 단골 패턴 꽈배기에 특별한 컬러를 입히면 훌륭한 패션 소품으로 변신해요.

겉면에서 겉뜨기, 안쪽 면에서 안뜨기로 시작해 4코를 꽈배기바늘에 걸어요.

겉뜨기와 안뜨기를 반복한 후 마지막 2코를 겉뜨기해요.

버건디, 딥그린 컬러 또는 혼합 컬러로 만들어봐요. 꽈배기 패턴과 잘 어우러져 센스 UP!

how to make 105

장식술 달린 삼각 목도리

스타일을 업그레이드하는 방법은
나만의 감각을 표현할 수 있는, 흔하지 않은
디자인 소품을 활용하는 거예요.
메리야스뜨기로 삼각형 모양의 숄을 만들고
밑단에 장식술을 달아 개성 있는 목도리를 만들어봐요.
야상이나 데님 위에 걸치거나 부츠와 코디하면
보헤미안 느낌을 낼 수 있어요.

how to make 104

심플 넥워머

똑같은 컬러와 디자인의 넥워머를
여러 개 만들어 가족과 연인을 위한
커플 아이템으로 활용해보는 건 어떨까요?
원형으로 돌려가며 가터뜨기한 후
느슨하게 코막음해요.
디자인이 밋밋하다면 단추를 달거나
패턴이 화려한 아우터와 코디해
색다른 분위기를 연출해도 좋아요.

<u>how to make 108</u>

앙고라 무드 목도리

부드럽고 고급스러운 앙고라 목도리는
어디에든 멋스럽게 두를 수 있는 머스트 해브 아이템이에요.
원색과 내추럴 컬러 실을 메리야스뜨기로 이어뜬 후
끝단을 돌돌 말아 자연스러운 멋을 냈어요.
심플한 정장이나 블랙 원피스에 포인트 아이템으로도 그만이에요.

how to make 109

Shawl

: 숄

자카드 패턴 숄부터 보헤미안 망토까지
때론 무릎담요로 때론 케이프로 상황에 따라 다양하게 활용하기!

별 모양 숄

가을부터 봄까지 다양한 변화를 주며
두를 수 있는 숄이에요.
짜임을 아주 성글게 떠 봄과 가을에는
얇은 니트나 티셔츠 위에 가볍게 걸치고,
겨울에는 돌돌 말아 목도리로 활용해요.
좋아하는 컬러로 몇 개 떠놓고
상황에 따라 바꿔가며 코디해보세요.

how to make 110

꽃무늬 모티프 숄

각각 다른 꽃무늬 모티프가 모여
꽃밭이 된 듯한 이미지로 디자인한 숄이에요.
채도가 낮은 브라운 톤 실로 만들어
따뜻하고 편안해 보이기 때문에
가을, 겨울에 잘 어울리는 아이템이지요.
모티프는 너무 꽉 쪼이지 않게 연결해야
전체적인 모양이 예쁘게 나와요.

how to make 114

보헤미안 망토

어깨에서부터 등을 지나 허리까지
넓게 퍼지는 망토는 컬러에 따라
다양한 느낌을 표현할 수 있어요.
브라운, 퍼플, 블루 등 채도가 낮은 컬러로
만든 망토에 링 귀걸이, 버킷 백을 더해
보헤미안 룩을 연출해요. 화이트, 옐로 망토는
원피스나 에이치라인 스커트와 코디하면
여성스러운 느낌 완성!
메리야스뜨기를 기본으로 목둘레는 코바늘로
빼뜨기와 짧은뜨기를 해 깔끔하게 마무리해요.

how to make 116

잎사귀 무늬 숄

잎사귀 여러 개를 펼친 듯한 무늬뜨기가
자연스럽게 연결돼 세련돼 보이죠.
윗부분, 가운데, 아랫부분으로 삼등분한 후
가운데 아랫단부터 떠요. 짧은뜨기와
피코뜨기를 번갈아하며 깔끔하게 마무리합니다.
다른 컬러의 숄을 2~3개 믹스해
한꺼번에 둘러도 스타일리시해 보여요.

how to make 118

다이아몬드 패턴 숄

부드럽고 흡습성 좋은
필소프트 실로 만든 숄이에요.
피부가 예민하거나 땀이 많은 사람도
안심하고 사용할 수 있어요.
첫 코에서 빼뜨기해 원형고리를 만든 후
정사각형과 삼각형 모티프를
각각 만들어 감침질로 연결해요.
두툼하게 짜 무릎담요로 활용해보세요.

how to make 112

자카드 패턴 숄

부들부들한 실로 만든
입체적인 자카드 패턴이 눈길을 끌죠.
데님이나 라이더 재킷 위에 살짝
걸치기만 해도 스타일리시해 보여요.
양쪽 끝 단수를 줄이며 뜨는 게 포인트!
겉면은 양쪽 2코씩 한꺼번에 겉뜨기로,
안쪽 면은 2코씩 한꺼번에 안뜨기로 떠요.

how to make 124

For Children

한번쯤 꼭 만들어주고 싶은 아이를 위한 프렌치 스타일 모자, 목도리

버튼 장식 모자

how to make 126

얇으면서 보온성 좋은 네뷰르스 실로 간절기나 한겨울에도 따뜻하게 쓸 수 있는 모자를 만들어요.
멍석뜨기로 모자를 만든 후 앞면에 덧단를 놓아요. 양끝에 단추를 달아 고정하면 완성!
경쾌한 블루 컬러를 사용해 발랄한 느낌을 더했어요.

동화 속 후드 목도리

how to make 128

후드 목도리도 얼마든지 특별하게 만들 수 있답니다. 메리야스뜨기로 후드와 목도리를 만든 후
모피 느낌이 나는 부드러운 실로 후드 테두리를 마무리해요. 마치 두 가지 아이템을 믹스 앤 매치한 것처럼 보이죠.
빨강색 망토 위에 걸치니 동화 〈빨간 모자와 늑대〉에 나오는 소녀를 연상시키네요.

코믹 페이스 모자

how to make 130

기본 모자에 눈, 코, 귀, 머리카락을 달아 아이의 얼굴을 표현해보는 건 어떨까요? 메리야스뜨기로 기본 모자를 만들고
아랫단은 고무단으로 떠서 접어 올려요. 여기에 코바늘뜨기로 귀 모양을 만들어 아랫단 위에 달아줘요.
코와 눈은 플랫 스티치로 수놓으면 완성! 얼굴 특징에 따라 응용해도 좋아요.

보닛 모자

how to make 134

찬바람 불기 시작하면 제일 먼저 찾게 되는 필수 아이템이죠.
모자의 윗면, 뒤통수, 밴드 부분을 따로 뜬 후 멍석뜨기로 이어주는 게 포인트에요.
밴드를 조금 짧게 떠서 방울을 달아주면 또 다른 느낌을 연출할 수 있어요.

공룡 모자

how to make 138

정수리부터 뒤통수까지 길게 이어진 뿔이 눈길을 끄는 모자예요. 메리야스뜨기로 뿔 모양을 뜬 후
겉뜨기 안뜨기를 번갈아하며 뾰족한 돌기를 만들어요. 겉뜨기로 목둘레 밴드를 뜨고, 모자와 목둘레 밴드가 이어지는 부분에
금색 단추를 달아 마무리! 디자인이 시선을 모으니 컬러는 한두 가지만 사용하는 게 좋아요.

넥워머와 미니백

how to make 142

레드 컬러 넥워머에 앙증맞은 미니백을 매치해 사랑스러운 소녀 느낌 완성!
넥워머는 가터뜨기로 이어뜬 후 시작단과 마지막단을 꿰매어 고리 모양을 만들어요.
미니백은 먼저 가터뜨기로 직사각형을 만든 후 반으로 접고 앞면에 실로 물음표 모양을 만들어 꿰매요.

DIY DICT

PART 2

IONARY

기본뜨기 방법부터 자세한 과정 설명까지,
정확한 도안을 따라 손뜨개 아이템 직접 만들어보기

Basic
Of
Sewing

◆ 꼭 알아두어야 할 기본 뜨개법 ◆

패턴, 모티프 뜨기를 위해 꼭 알아야 할 뜨개법이에요. 실, 바늘만 있으면 누구나 따라 할 수 있어요. 코바늘, 대바늘뜨기 모두 해당하는 방법이니 확실하게 마스터해봐요.

일반코 잡기 -

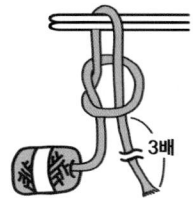

1 원하는 길이의 3배를 잡는다.

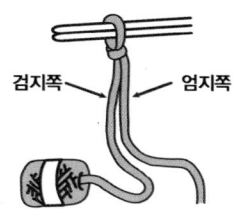

2 실타래는 검지, 실 끝은 엄지 손가락에 둔다.

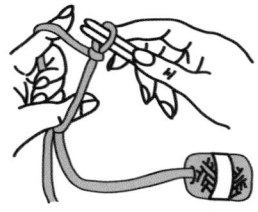

3 엄지와 검지손가락으로 모양 을 잡는다.

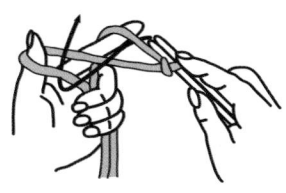

4 화살표 방향으로 바늘을 넣 는다.

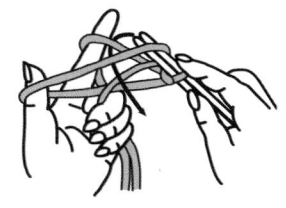

5 검지손가락에 걸린 실을 바 늘에 걸어 엄지손가락 쪽으 로 뺀다.

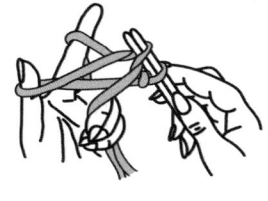

6 엄지손가락을 빼낸 후 잡아 당기면 코가 만들어진다. 화 살표 방향으로 다시 엄지손 가락을 넣는다.

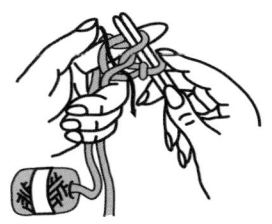

7 화살표 방향으로 엄지손가락 을 넣는다.

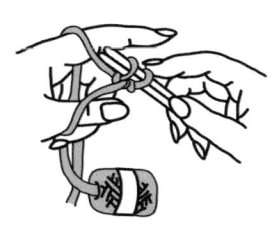

8 4~7번을 반복하며 코를 잡 는다.

1코씩 꿰매기 -

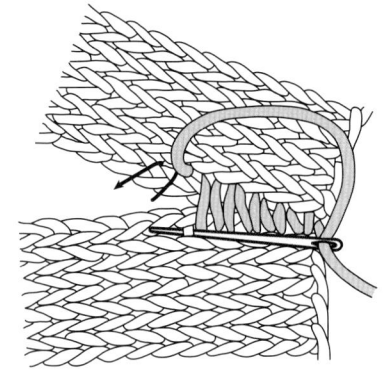 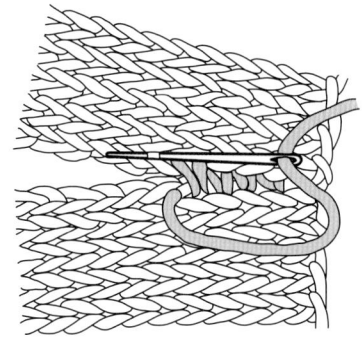

1 겉면 끝에서 1코 들어간 코 옆 실을 나란히 놓고
교대로 바늘을 뜨면서 잇는다.

2 완성된 모습.

가로배색하기 -

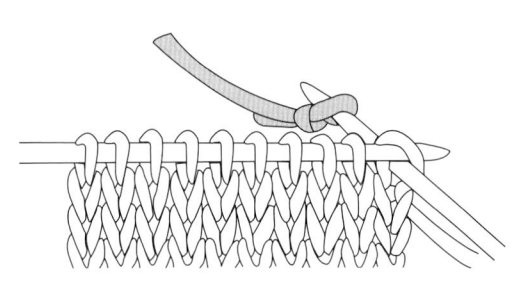 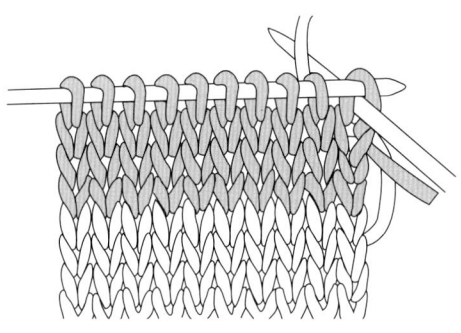

1 끝에서 바탕실을 쉬게 한 후 배색실로 고리를
만들어 첫 코에서 바늘로 연결해 뜬다.

2 바탕실로 바꿀 때는 배색실을 앞에 두고 실이
엉키지 않게 뒤로 돌려 뜬다.

세로배색하기 -

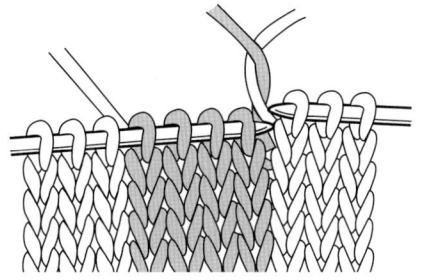 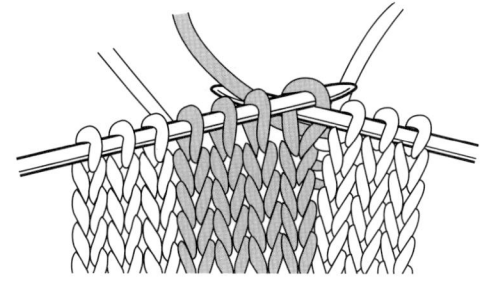

1 배색실로 바꿀 때 바탕실과 교차시키면 구멍이 생기지 않는다.

2 바탕실로 바꿀 때도 실을 교차시킨다.

가터뜨기 -

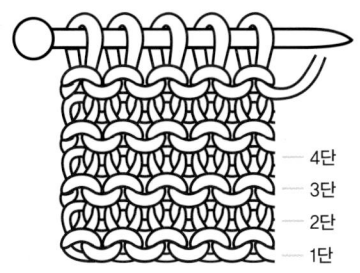

— 4단
— 3단
— 2단
— 1단

모든 단을 겉뜨기로 뜬다.
겉뜨기 2단은 가터뜨기 1줄과 같다.

겉뜨기 -

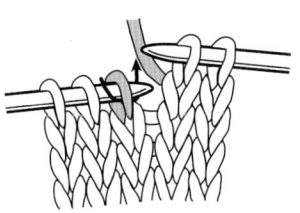 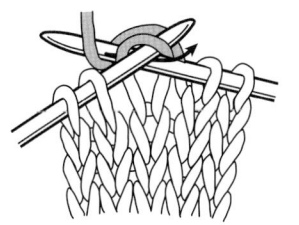 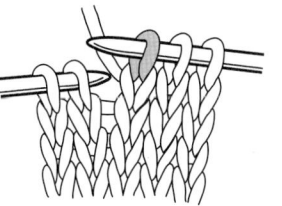

1 화살표 방향으로 바늘을 넣어준다.

2 실을 바깥쪽에서 안쪽으로 감아 화살표 방향으로 빼낸다.

3 완성된 모습.

감아코 만들기 -

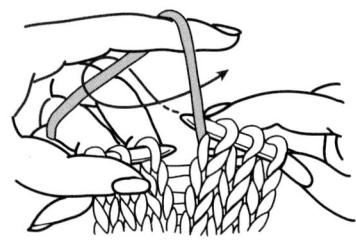

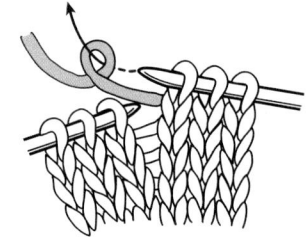

1 그림과 같이 손가락에 실을 걸어준 후 화살표 방향으로 실을 꼬아준다.

2 꼰은 실을 오른쪽 바늘에 걸어준다.

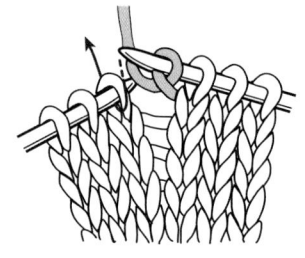

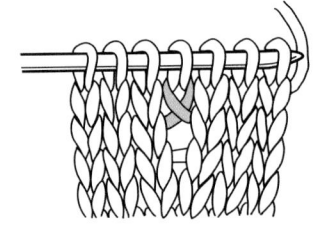

3 다음 코를 겉뜨기로 뜬다.

4 완성된 모습.

코 사이를 벌려 단춧구멍 만들기 -

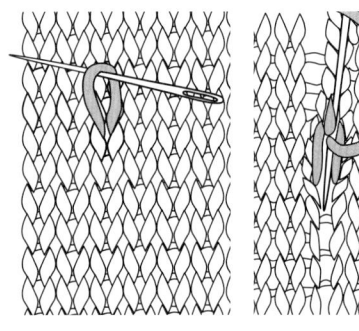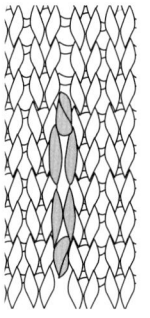

바늘로 코 가운데 실을 끌어올려 코 사이를 벌린 후 2단 위쪽으로 벌린 코를 고정시킨다. 아래쪽도 같은 방법으로 한다.

덮어씌워 코막음하기 -

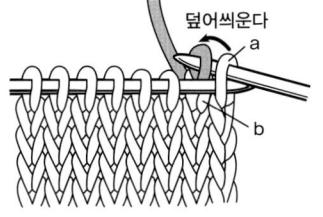
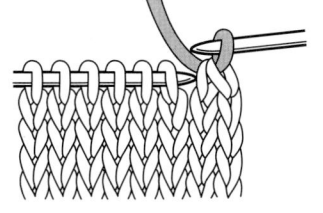
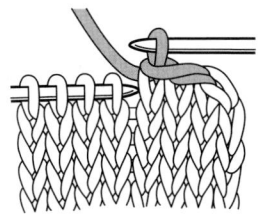

1 a코를 오른쪽 바늘로 옮긴 후 b코를 겉뜨기한다. 왼쪽 바늘로 a코를 b코에 덮어씌운다.

2 1코를 덮어씌운 모습.

3 1코씩 뜨면서 덮어씌우기를 반복한다.

메리야스뜨기 -

1단은 항상 겉뜨기와 안뜨기로 뜬다.
겉뜨기 1단과 + 안뜨기 1단 = 메리야스뜨기 2단

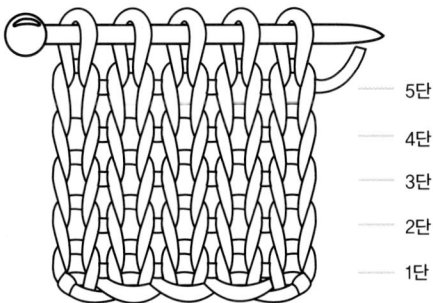

5단
4단
3단
2단
1단

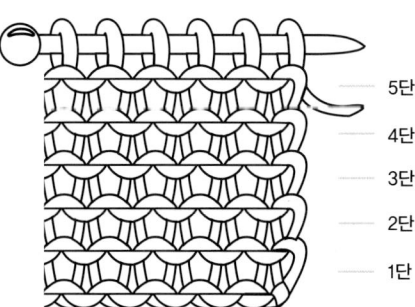

5단
4단
3단
2단
1단

겉메리야스뜨기
뜨개조직 겉면에서 본 메리야스 조직.
왼쪽 바늘에 위와 같이 코가 걸려 있다면
겉뜨기한다.

안메리야스뜨기
뜨개조직 안쪽 면에서 본 메리야스 조직.
왼쪽 바늘에 위와 같이 코가 걸려 있다면
안뜨기한다.

사슬뜨기

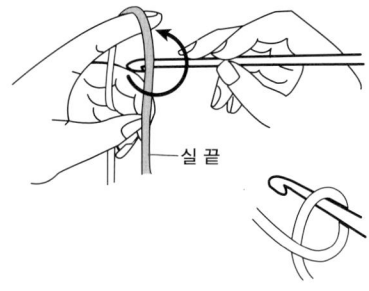

1 화살표 방향으로 바늘을 1회 돌리면 실이 감긴다.

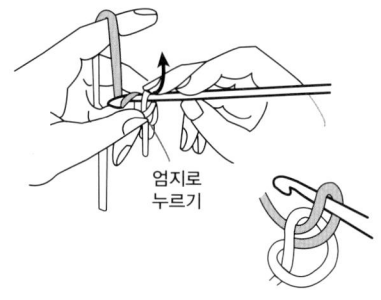

2 코에 실을 걸어 끌어낸 후 실 끝을 당겨 조인다.

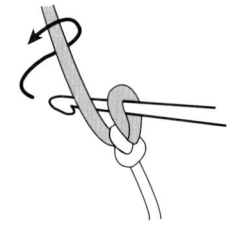

3 화살표 방향으로 바늘을 움직여 실을 건다.

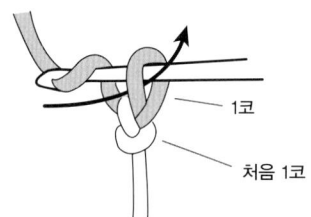

4 바늘에 걸려 있는 루프 속으로 실을 끌어내면 1코가 완성된다.

쉽코로 두기

코를 그대로 바늘에 둔 채
새로운 바늘로 한쪽만 이어뜬다.

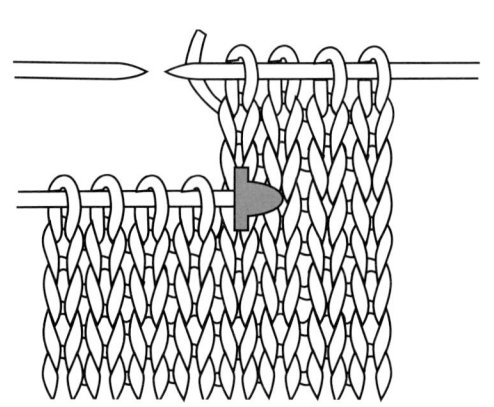

* 바늘막음으로 바늘 끝을 막아두어야 코가 풀
   리지 않는다.

안뜨기

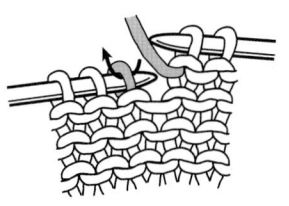

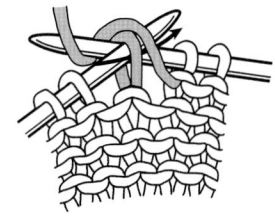

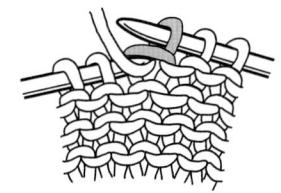

1 화살표 방향으로 바늘을 넣는다.

2 실을 바깥에서 안쪽으로 감고 화살표 방향으로 빼낸다.

3 완성된 모습.

오른코 늘리기

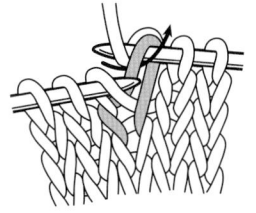

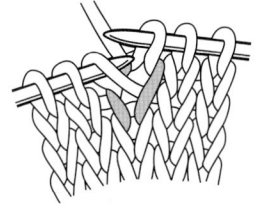

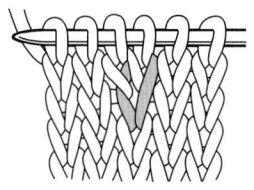

1 왼쪽 1단 아래 코를 끌어올린다. 오른쪽 바늘에 걸어 겉뜨기한다.

2 남은 코를 겉뜨기한다.

3 완성된 모습.

오른코 줄이기

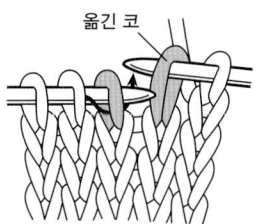

옮긴 코

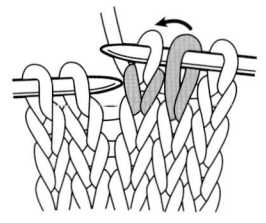

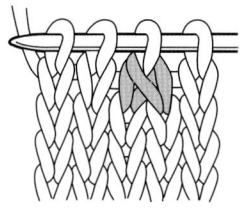

1 코를 뜨지 않고 1코를 화살표 방향으로 빼 옮긴다. 다음 코를 겉뜨기한다.

2 오른쪽 바늘에 옮긴 코를 덮어씌운다.

3 완성된 모습.

왼코 늘리기

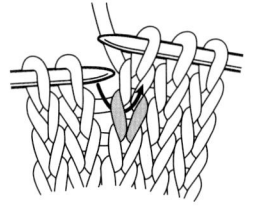

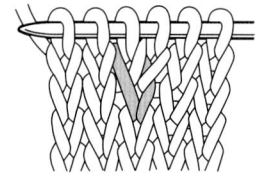

1 오른쪽 2단 아래 코를 끌어올려 왼쪽 바늘에 건다.

2 남은 코를 겉뜨기한다.

3 완성된 모습.

왼코 줄이기

겉뜨기 할 때

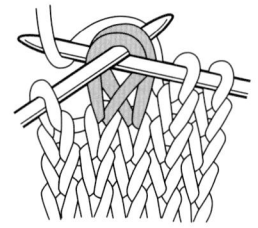

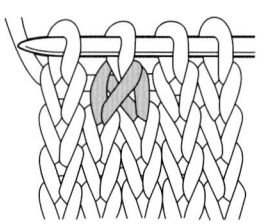

1 겉뜨기 방향으로 2코를 한꺼번에 모아뜬다.

2 완성된 모습.

안뜨기 할 때

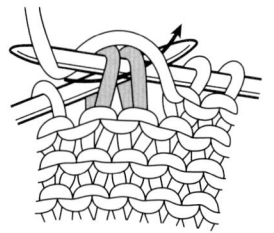

안뜨기 방향으로 2코를 한꺼번에 모아뜬다.

코줍기

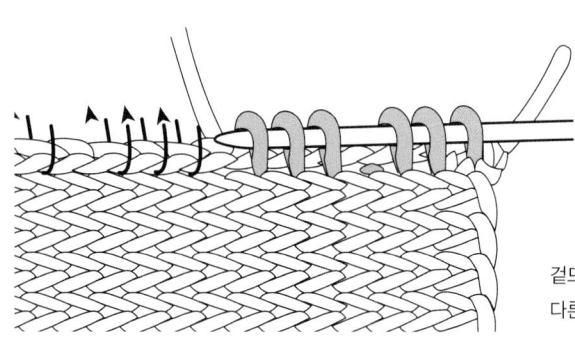

겉뜨기 1코와 2코 사이에 바늘을 넣은 후 다른 실을 잡아 빼면서 코를 줍는다.

1코 만들기

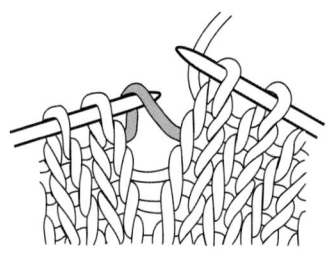

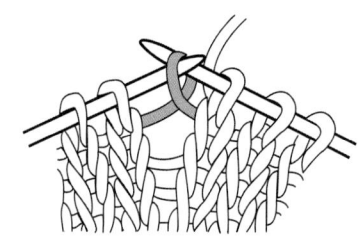

1 왼쪽 바늘로 코 사이에 있는 실을 끌어올린다.

2 끌어올린 실을 꼬아서 겉뜨기한다.

원형코 만들기

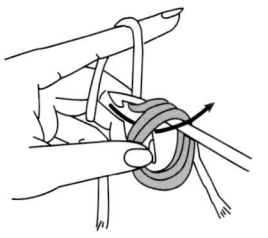

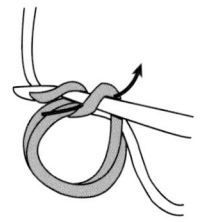

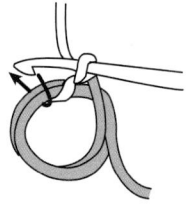

1 실을 2번 돌려 원형으로 만든
다. 실 끝을 검지손가락에 감
아쥔 후 화살표 방향으로 바
늘을 뺀다.

2 화살표 방향으로 빼뜨기한다.

3 화살표 방향으로 바늘을 넣어
짧은뜨기한다.

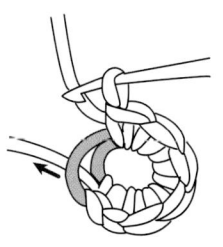

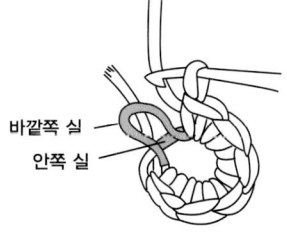

바깥쪽 실

안쪽 실

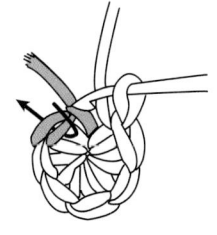

4 콧수에 맞춰 짧은뜨기한다.

5 바깥쪽 실 끝을 한 번 잡아당
긴 후 안쪽 실을 잡아당기면
바깥쪽 실이 오므려진다.

6 화살표 방향으로 바늘을 넣어
마지막 코를 뜬 후 실 끝을 잡
아당겨 조인다.

짧은뜨기

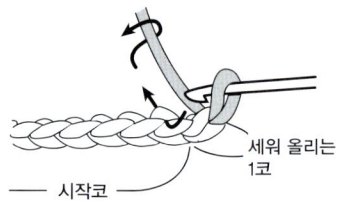

세워 올리는
1코

시작코

1 사슬뜨기한 1코를 세워 올린 후 시작코 1코 뒷산에 바늘을 끼워 넣는다.

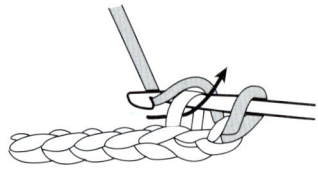

2 바늘에 실을 걸어 화살표 방향으로 끌어낸다.

3 또 한 번 실을 걸어 바늘에 걸린 루프 2개 사이로 한 번에 빼낸다.

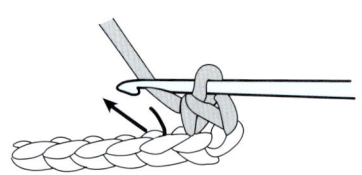

4 완성된 모습.

코바늘 빼뜨기

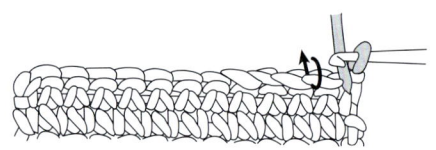

1 뜨개 조직 방향을 바꾸어 2번째 코부터 뜬다.

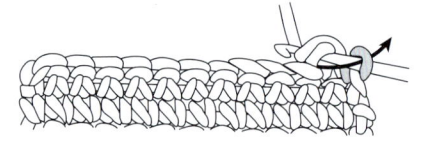

2 화살표 방향으로 실을 걸어 뺀다.

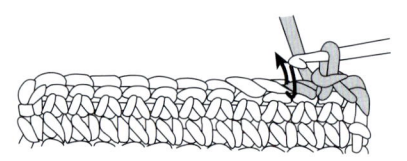

3 1, 2를 반복한다.

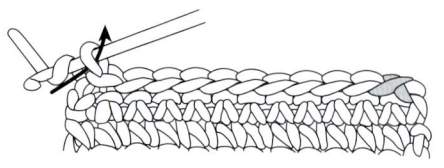

4 마지막 사슬코 안으로 실을 빼 마무리한다.

한길 긴뜨기

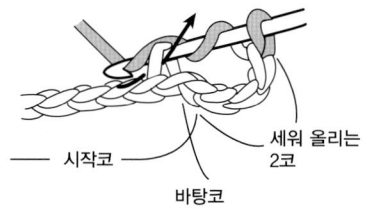

시작코 ──

바탕코

세워 올리는 2코

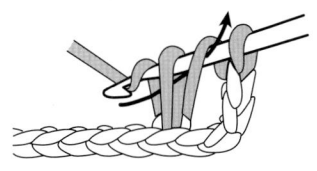

1 바늘에 실을 건 후 코 왼쪽 사슬 뒷산에 넣어 실을 끌어낸다.

2 바늘코에 실을 건 후 바늘 끝에서 2개의 루프만 빼뜬다.

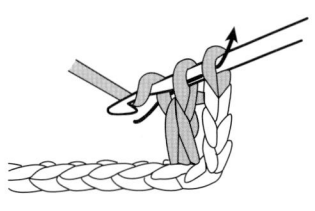

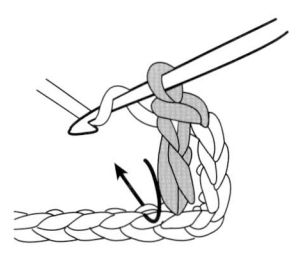

3 실을 걸어 남은 2개 루프 사이로 한 번에 빼낸다.

4 한길 긴뜨기 1코가 완성된 모습.

아이코드 뜨기

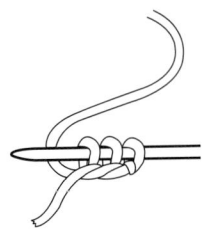

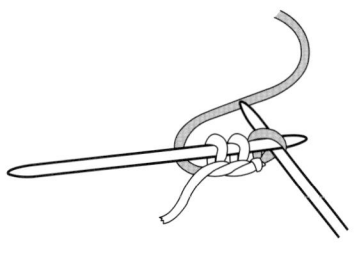

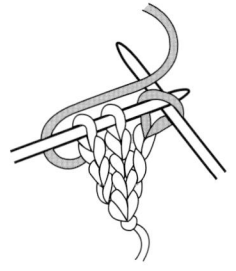

1 일반코 잡기로 3코를 잡는다. (5코, 7코도 가능)

2 코를 바늘 끝으로 민 후 첫 코 를 바짝 당겨서 겉뜨기한다. 나머지 코도 겉뜨기한다.

3 완성된 모습.

◆ 모티프 뜨기 ◆

뜨개 소품에 모티프가 빠질 수 없죠. 작품 속 다양한 모티프를 소개합니다. 유행을 타지 않고 두루 활용할 수 있는 것들만 모았으니 취향에 맞게 응용해도 좋아요.

스트라이프 모티프

겉면에서 겉뜨기, 안쪽 면에서 안뜨기

가로배색
2가지 이상의 실로 몇 단씩 배색을 넣으면서 뜨는 방법.

사용한 기법: 메리야스뜨기

만들기
1 바탕실을 끝에서 쉬게한다.
2 배색실로 고리를 만들어 첫 코에서 바늘로 연결한다.
3 바탕실로 바꿀 때는 배색실을 앞에 두고 실이 엉키지 않게 뒤로 돌려뜬다.

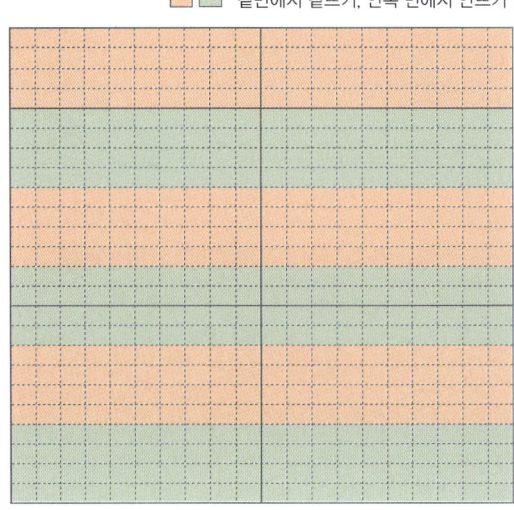

세로배색
2가지 이상의 실로 몇 코씩 배색을 넣으면서 뜨는 방법이다. 실을 걸쳐 뜨지 않고 배색 하는 실끼리 X 모양으로 꼬아서 떠야 실과 실 사이가 벌어지지 않는다.

사용한 기법: 메리야스뜨기

만들기
1 바탕실과 교차하며 배색실을 바꾸어 끈다.

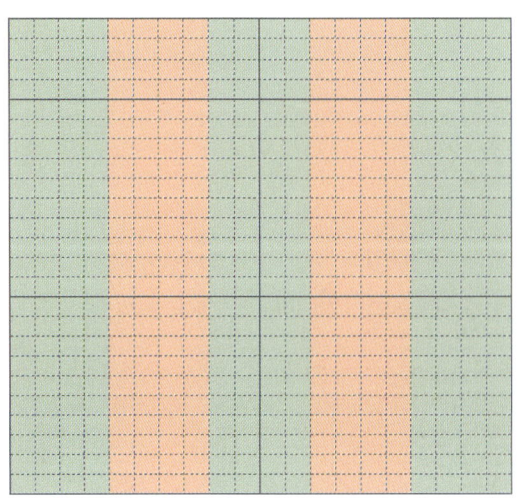

동시배색

도안에 따라 뜨는 방법이 다르다. 아가일 무늬 (그림 참고)는 실을 걸치지 않고 바탕색과 배색실을 한 번 꼬아서 무늬 사이가 벌어지지 않게 뜬다. 바탕실과 배색실을 섞어 무늬를 넣을 때는 실을 걸쳐 뜬다.

사용한 기법: 메리야스뜨기

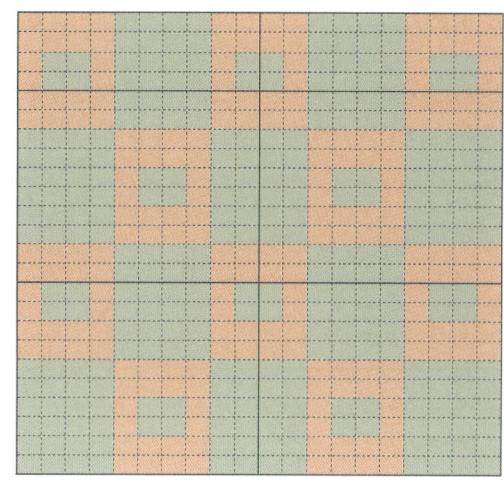

페어아일 모티프 ------------------------------------

기하학적 모양으로 가로 부분에 줄무늬를 넣는다. 무늬마다 색을 달리해 배색을 넣으며 실을 걸치며 모티프를 만든다. 실을 너무 잡아당기면 뜨개 조직이 울 수 있으니 주의한다.

사용한 기법: 메리야스뜨기

만들기
1 30코를 잡는다.
2 그림과 같이 색을 바꿔가며 뜬다.

☐ 겉면에서 겉뜨기, 안쪽 면에서 안뜨기

➕ 다양한 배색을 위해 알아야 할 특별한 뜨개법

뒤에 실을 걸칠 때는 배색실을 살짝 잡아당기며 뜨개 조직이 울지 않게 주의하며 뜬다.
뒤에 실을 걸치지 않을 때는 바탕실과 배색실을 X 모양으로 꼬아서 사이가 벌어지지 않게 뜬다.

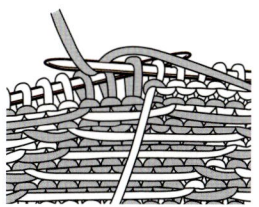

뒤에 실을 걸칠 때

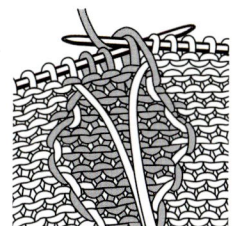

뒤에 실을 걸치지 않을 때

스퀘어 모티프 --

코바늘로 스퀘어 모티프 여러 개를 연결해 블랭킷, 숄, 머플러 등을 만들 수 있다.

사용한 기법: 원형코 만들기, 사슬뜨기, 짧은뜨기, 한 길 긴뜨기, 빼뜨기

만들기

1 1단: 원형코를 잡아 사슬뜨기 4코, (한길 긴뜨기 1 코, 사슬뜨기 1코) x 7, 빼뜨기를 한다.

2 2단: 사슬뜨기 1코, 짧은뜨기 1코, (한길 긴뜨기 5코, 짧은뜨기 1코) x 3, 한길 긴뜨기 5코, 빼뜨기를 한 다.

3 3단: 빼뜨기로 이동한 후 사슬뜨기 1코, (사슬뜨기 1코, 한길 긴뜨기 2코, 한길 긴뜨기 1코에 3코 뜨기, 한길 긴뜨기 2코, 사슬뜨기 1코, 빼뜨기)를 4번 반 복한다.

4 4단: 사슬뜨기 1코(사슬뜨기 1코, 한길 긴뜨기 3코, 한길긴뜨기 1코에 3코 뜨기, 한길 긴뜨기 3코, 사슬 뜨기 1코, 빼뜨기)를 4번 반복한다.

5 5단: 사슬뜨기 1코, (사슬뜨기 1코, 짧은뜨기 4코, 한길 긴뜨기 1코에 짧은뜨기 3코 뜨기, 짧은뜨기 4 코, 사슬뜨기 1코, 첫단 사슬코에 한길 긴뜨기 길게 뜨기) x 3, 사슬뜨기 1코, 짧은뜨기 4코, 한길 긴뜨 기 1코에 짧은뜨기 3코뜨기, 짧은뜨기 4코뜨기, 사 슬뜨기 1코, 빼뜨기 한다.

6 6단: 사슬뜨기 1코, (짧은뜨기 6코, 짧은뜨기 1코에 3코 뜨기, 짧은뜨기 7코) x 3, 짧은뜨기 6코, 짧은뜨 기 1코 3코 뜨기, 짧은뜨기 6코, 빼뜨기 한다.

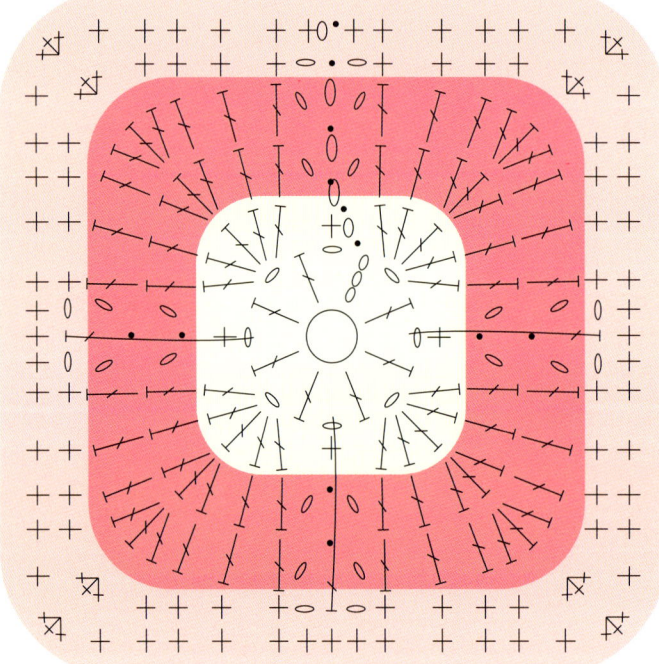

◯ 사슬뜨기

╀ 짧은뜨기

• 빼뜨기

╀ 한길 긴뜨기

플라워 모티프 -

아프리칸 플라워 모티프 또는 삼각, 사각, 오각, 육각
의 모티프라고 한다. 안쪽에 꽃무늬를 넣어 모티프를
만든다. 여러 개의 모티프를 연결해 블랭킷, 숄, 머플
러 등을 만들 수 있다.

사용한 기법: 원형코 만들기, 사슬뜨기, 짧은뜨기, 한
길 긴뜨기, 빼뜨기

만들기

1 1단: 원형코를 잡아 사슬뜨기 3코, 한길 긴뜨기 1코,
(사슬뜨기 1코, 한길 긴뜨기 2코) x 5, 사슬뜨기 1코,
빼뜨기, 실자르기를 한다.

2 2단: 1단 사슬뜨기에 새실걸기, 사슬뜨기 3코, 한길
긴뜨기 1코, 사슬뜨기 1코, 한길 긴뜨기 2코, (한길
긴뜨기 2코, 사슬뜨기 1코, 한길 긴뜨기 2코) x 5, 빼
뜨기 한다.

3 3단: 빼뜨기로 이동한 후 사슬뜨기 3코, 한길 긴뜨
기 6코, (한길 긴뜨기 7코) x 5, 빼뜨기 한 후 실을
자른다.

4 4단: 한길 긴뜨기에 새실걸기, 짧은뜨기 6코, (2단
째에 짧은뜨기 길게 뜨기 1코, 짧은뜨기 7코) x 5, 짧
은뜨기 1코, 빼뜨기한 후 실을 자른다.

5 5단: 새실을 건 후 짧은뜨기 7코, (짧은뜨기 1코, 사
슬뜨기 1코, 짧은뜨기 1코, 짧은뜨기 6코) x 5, 짧은
뜨기 1코, 사슬뜨기 1코, 빼뜨기한 후 실을 자른다.

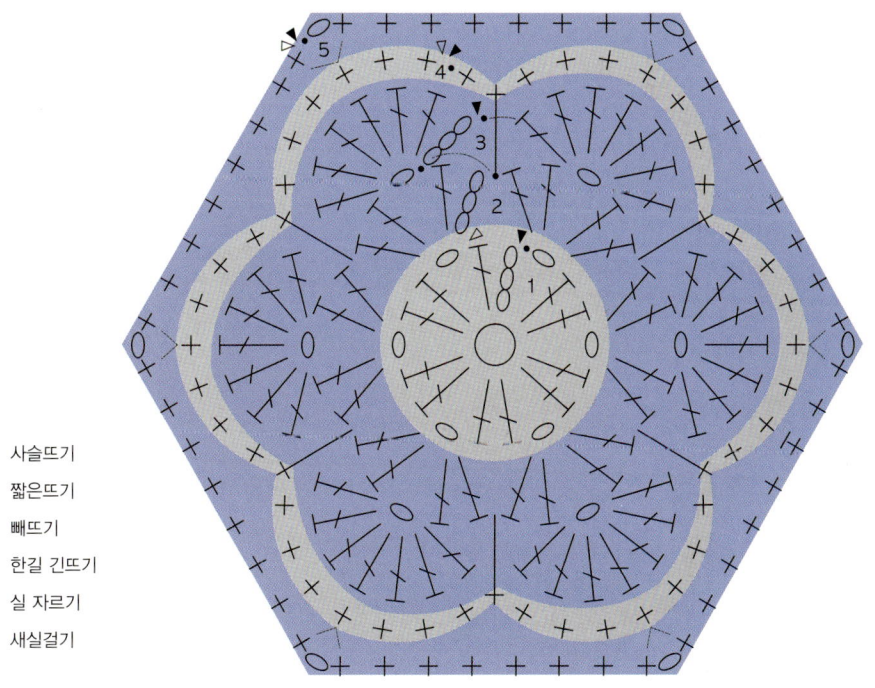

○ 사슬뜨기
＋ 짧은뜨기
• 빼뜨기
⊤ 한길 긴뜨기
▲ 실 자르기
△ 새실걸기

아란 모티프

아일랜드 서쪽 해상의 아란 제도에서 시작된 소박한 손뜨개로 10ply 실로 교차, 아가일 등을 넣은 무늬를 아란 모티프라고 한다.

사용한 기법: 겉뜨기, 안뜨기, 응용교차뜨기, 오른코 위 2코 교차뜨기, 왼코 위 2코 교차뜨기

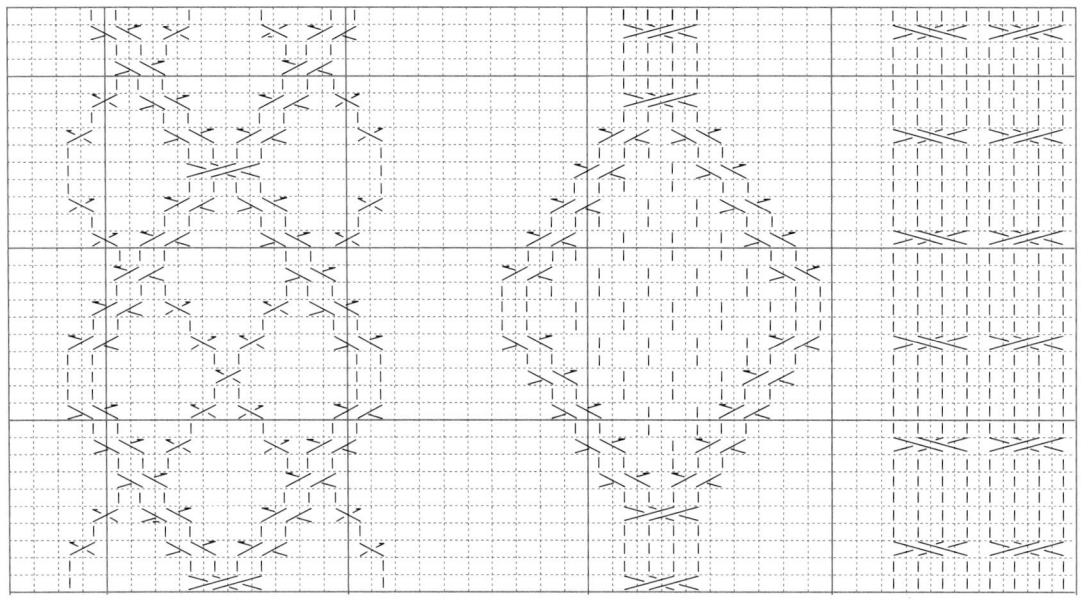

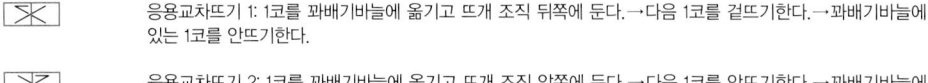 응용교차뜨기 1: 1코를 꽈배기바늘에 옮기고 뜨개 조직 뒤쪽에 둔다.→다음 1코를 겉뜨기한다.→꽈배기바늘에 있는 1코를 안뜨기한다.

응용교차뜨기 2: 1코를 꽈배기바늘에 옮기고 뜨개 조직 앞쪽에 둔다.→다음 1코를 안뜨기한다.→꽈배기바늘에 있는 1코를 겉뜨기한다.

응용교차뜨기 3: 1코를 꽈배기바늘에 옮기고 뜨개 조직 뒤쪽에 둔다.→다음 2코를 겉뜨기한다.→꽈배기바늘에 있는 1코를 안뜨기한다.

응용교차뜨기 4: 2코를 꽈배기바늘에 옮기고 뜨개 조직 앞쪽에 둔다.→다음 1코를 안뜨기한다.→꽈배기바늘에 있는 2코를 겉뜨기한다.

왼코 위 2코 교차뜨기: 2코를 꽈배기바늘에 옮기고 뜨개 조직 뒤쪽에 둔다.→다음 2코를 겉뜨기한다.→꽈배기바늘에 있는 2코를 겉뜨기한다.

오른코 위 2코 교차뜨기: 2코를 꽈배기바늘에 옮기고 뜨개 조직 앞쪽에 둔다.→다음 2코를 겉뜨기한다.→꽈배기바늘에 있는 2코를 안뜨기한다.

74

본격적으로 뜨개질을 시작하기 전에 알아야 할 뜨개 기호가 있어요. 뜨개질의 가장 기본이 되는 기호로 미리 알고 작업을 시작하면 보다 쉽고 빠르게 만들 수 있습니다.

⊞	시접코
▯	겉면에서 겉뜨기, 안쪽 면에서 안뜨기
▢ ⊟	겉면에서 안뜨기, 안쪽 면에서 겉뜨기
⊠	오른코 늘리기: 왼쪽 바늘에 걸려 있는 코 밑 오른쪽 코를 오른쪽 바늘로 끌어올린다.
⊠	왼코 늘리기: 오른쪽 바늘에 걸려 있는 코 밑 왼쪽 코를 왼쪽 바늘로 끌어올린다.
●	구슬뜨기: 1코에 바늘을 넣어 겉뜨기 1코→안뜨기 1코→겉뜨기 1코 한다. 뜨개 조직을 뒤로 돌려 안뜨기 3코한 후 다시 뒤로 돌려 3코를 한꺼번에 모아뜬다.
○	바늘비우기
⋏	중심 3코 모아뜨기
⏃	왼코 줄이기(2코 모아뜨기)
⏃	오른코 줄이기
⏃	안뜨기로 오른코 줄이기: 안뜨기로 2코를 한꺼번에 뜬다.
⏃	안뜨기로 인코 줄이기: 첫 코를 겉뜨기 방향으로 옮긴다.→ 다음 코를 겉뜨기 방향으로 옮긴다.→옮긴 2코를 그대로 왼쪽 바늘로 옮긴다.→ 2코를 한꺼번에 안뜨기로 꼬아뜬다.
⏃	안뜨기로 3코 모아뜨기: 안뜨기로 3코를 한꺼번에 모아뜬다.

➕ 도안 시작 부분에서 화살표는 조직의 뜨는 방향을 나타냅니다.

- -

How
To
Make

모피 방울 모자

P18 | Level 🧶

사이즈 둘레 50cm~65cm, 30.5cm

준비물
실: 필다르사 알파주(PHIL ALPAGES : 알파카 84%, 울 16%) 다크그레이(MINERAI) 2볼
대바늘(줄바늘) 6mm, 대바늘(줄바늘) 7mm, 블랙 방울 1개
*1코 1단 멍석뜨기 게이지(대바늘 7mm) 20cm=21코, 10cm=19단

사용한 기법
1코/1코 고무단, 1코 1단 멍석뜨기

만들기
1 대바늘 6mm로 시작코 54코를 만든 후 1코/1코 고무단으로 4cm 돌려뜬다.
2 대바늘 7mm로 바꾼다. 첫 단에서 골고루 14코 늘리며 겉뜨기한다. (총 68코)
3 다음 단부터 1코 1단 멍석뜨기로 21cm 이어뜬다.
4 실을 자르고 돗바늘에 끼운다. 남은 코 사이로 통과시킨 후 단단히 잡아당긴다.

연결하기
1 끝에 방울을 달아준다.

방울 달기

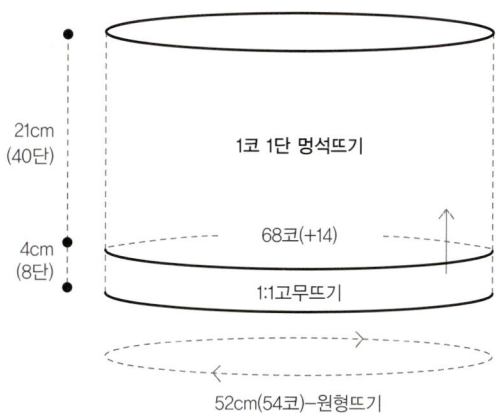

21cm
(40단)

1코 1단 멍석뜨기

68코(+14)

4cm
(8단)

1:1고무뜨기

52cm(54코)-원형뜨기

방울 달린 귀마개 모자

| P13 | Level 🧶 🧶 🧶 |

사이즈 둘레 50cm, 높이 19cm(귀 제외)

준비물

실: 필다르사 파트너 6(PARTNER 6 : 폴리아미드 50%, 울 25%, 아크릴 25%) 다크그레이(MINERAI) 3볼
대바늘 5.5mm, 꽈배기바늘
*응용무늬 게이지(대바늘 5.5mm) 19코 22단

사용한 기법

응용무늬, 왼코 줄이기, 오른코 줄이기,
안뜨기로 오른코 줄이기, 안뜨기로 왼코 줄이기,
1코 만들기

만들기

귀

1 대바늘 5.5mm로 시작코 3코를 만든 다음 80페이지 도안을 보며 이어뜬다.

2 3단: 겉뜨기 1코→1코에 바늘 넣어 5코(겉뜨기 1코, 안뜨기 1코 번갈아 뜨기)→겉뜨기 1코(총 7코) 뜬다.

3 5단: 겉뜨기 1코→1코에 바늘 넣어 3코(겉뜨기 1코, 안뜨기 1코 번갈아 뜨기)→안뜨기 1코→겉뜨기 1코→안뜨기 1코→1코에 바늘 넣어 3코(겉뜨기 1코, 안뜨기 1코 번갈아 뜨기)→겉뜨기 1코(총 11코) 뜬다.

4 7단부터 오른쪽 도안을 보며 양쪽으로 시접 3코씩 남기며 2단마다 1코 만들기 2번→4단마다 1코 만들기 1번→6단마다 1코 만들기를 2번 한다.

5 26단(11.5cm)까지 뜨면 총 21코가 된다. 모든 코를 바늘에 쉼코로 걸어둔다.

6 1~5번을 한 번 더 반복한다.

모자

1 앞부분: 대바늘 5.5mm로 시작코 5코를 만든다. 쉼코로 걸어둔 21코를 바늘로 옮긴 후 27코를 감아코로 만든다.

2 뒷부분: 쉼코로 걸어둔 21코를 바늘로 옮긴 후 24코를 감아코로 만든다. (총 98코)

3 도안을 보며 응용무늬를 따라 뜬다.

4 53단: 4코를 골고루 줄인다. (총 94코)

5 55단: 8코를 골고루 줄인다. (총 86코)

6 57단: 4코를 골고루 줄인다. (총 82코)

7 59단: 4코를 골고루 줄인다. (총 78코)

8 61단: 12코를 골고루 줄인다. (총 66코)

9 63단: 12코를 골고루 줄인다. (총 54코)

10 65단: 11코를 골고루 줄인다. (총 43코)

11 67단: 7코를 골고루 줄인다. (총 36코)

12 69단: 겉뜨기 1코→왼코 줄이기×17회 반복→겉뜨기 1코(총 19코) 한다.

13 71단: 왼코 줄이기×9회 반복 → 겉뜨기 1코(총 10코) 한다.

14 실을 자르고 돗바늘에 끼운다. 남은 코 사이로 통과시킨 후 단단히 잡아당긴다.

연결하기

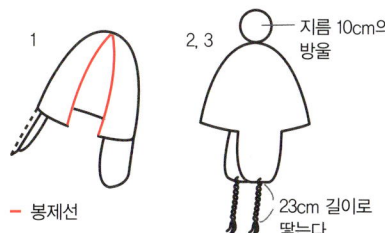

1 옆선을 꿰맨다.

2 실을 80cm 길이로 9올 자른다. 귀 3단, '1코에 바늘 넣어 5코 뜨기'한 부분에 실을 통과시켜 반으로 접는다. (총 18올)

3 양쪽 귀 끝에 달아서 땋는다.

4 6올×3가닥으로 23cm 땋아 매듭을 지은 후 6cm 남기고 다듬는다.

5 두꺼운 종이를 지름 10cm인 원으로 자른다.

6 실을 느슨하게 감아 방울을 만든 후 모자 윗부분에 달아준다.

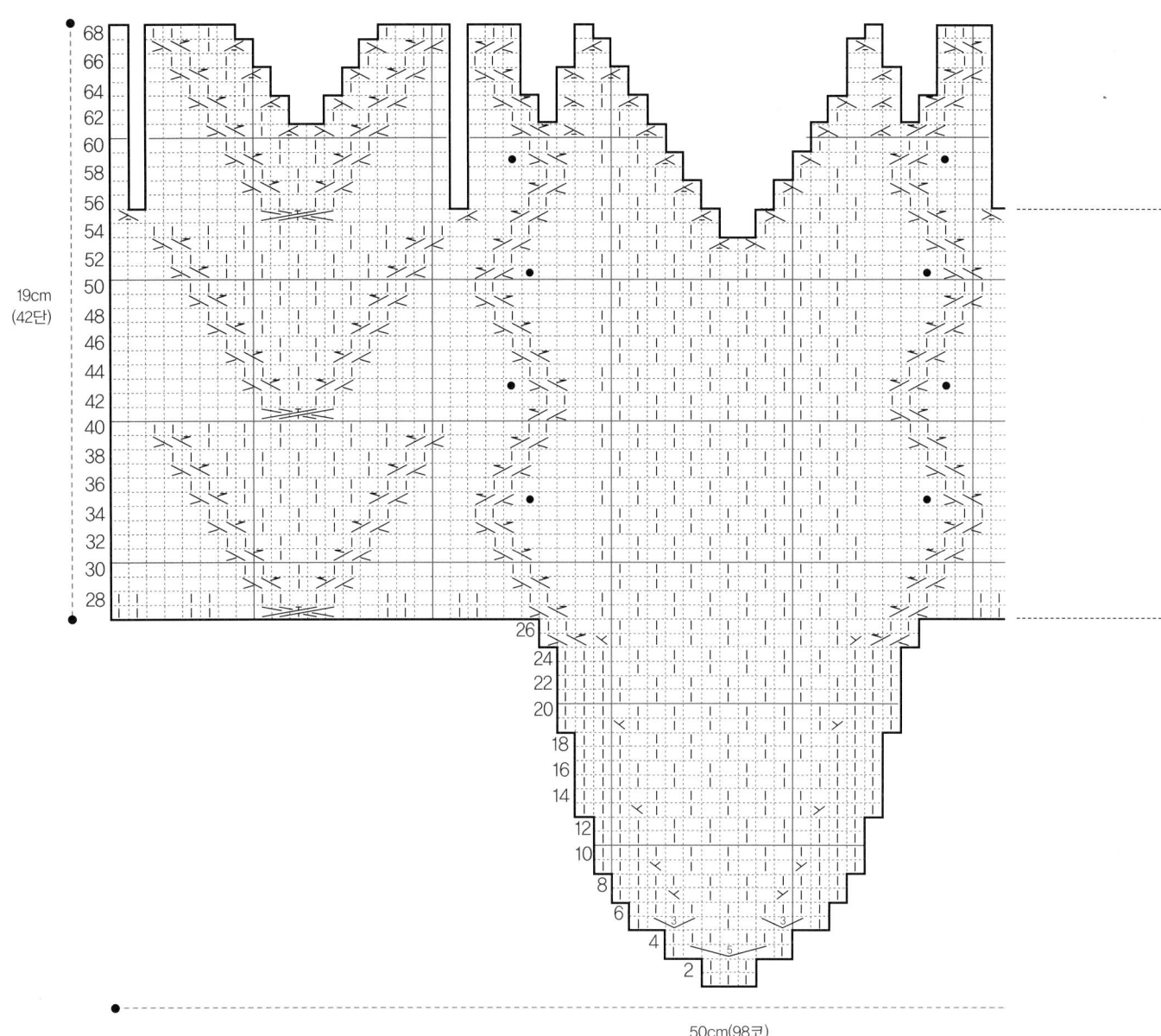

응용교차뜨기 1: 1코를 꽈배기바늘에 옮기고 뜨개 조직 뒤쪽에 둔다.→다음 2코를 겉뜨기로 뜬다.→꽈배기바늘에 있는 1코를 안뜨기로 뜬다.

응용교차뜨기 2: 2코를 꽈배기바늘에 옮기고 뜨개 조직 앞쪽에 둔다.→다음 1코를 안뜨기로 뜬다.→꽈배기바늘에 있는 2코를 겉뜨기로 뜬다.

응용교차뜨기 3: 3코를 꽈배기바늘에 옮기고 뜨개 조직 뒤쪽에 둔다.→다음 2코를 겉뜨기로 뜬다.→꽈배기바늘에 있는 3번째 코를
왼쪽 바늘로 옮긴 후 꽈배기바늘 뒤에 놓은 채 왼쪽 바늘에 걸린 1코를 안뜨기로 뜬다.→꽈배기바늘에 있는 2코를 겉뜨기로 뜬다.

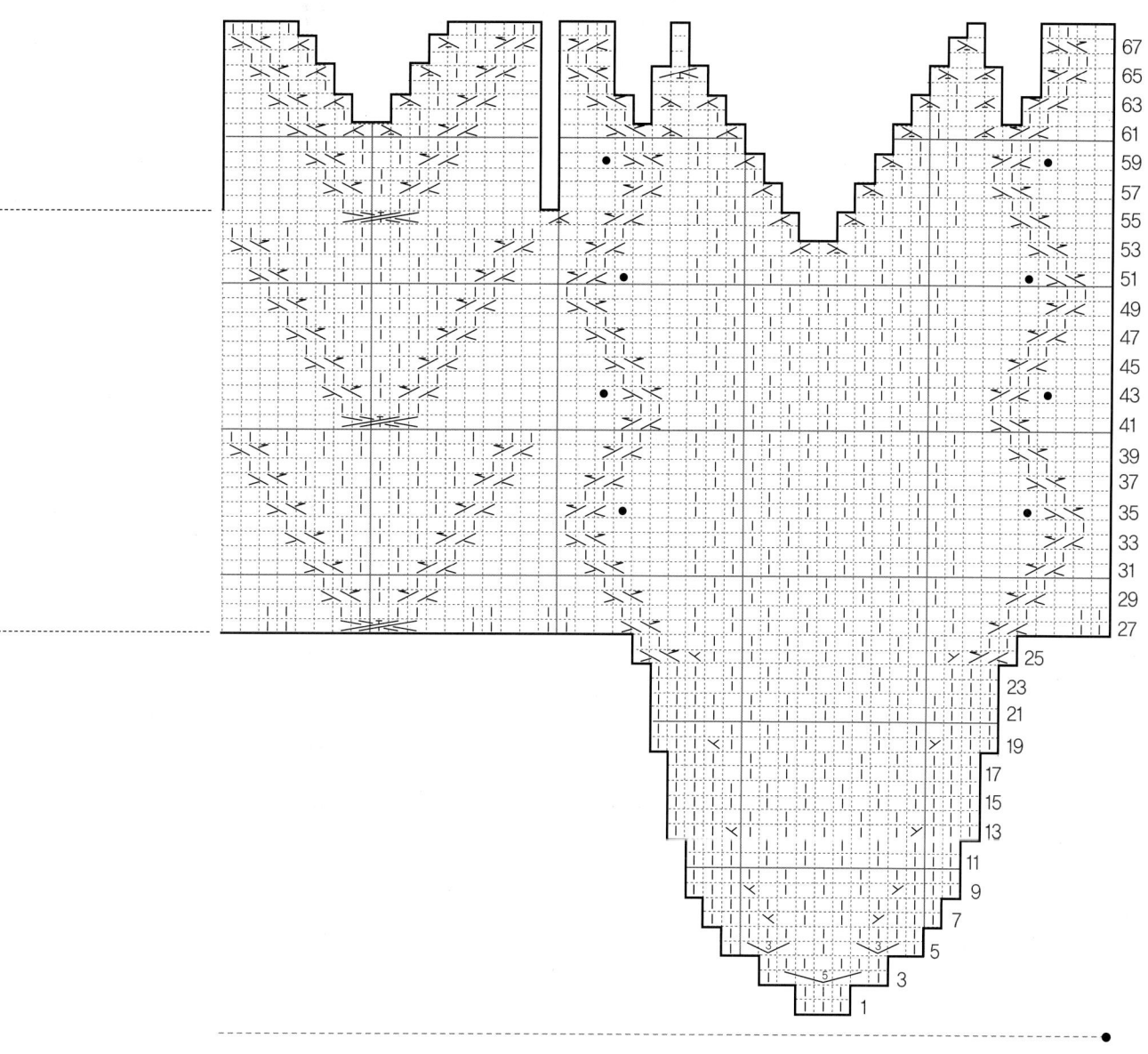

67
65
63
61
59
57
55
53
51
49
47
45
43
41
39
37
35
33
31
29
27
25
23
21
19
17
15
13
11
9
7
5
3
1

2코 늘려뜨기: 1코에 바늘을 넣어 겉뜨기 1코 한다.→안뜨기 1코 한다.→겉뜨기 1코 한다.(1코=3코)

4코 늘려뜨기: 1코에 바늘을 넣어 겉뜨기 1코 한다.→안뜨기 1코 한다.→겉뜨기 1코 한다.→안뜨기 1코 한다.→겉뜨기 1코 한다.(1코=5코)

스퀘어 무늬 모자

| P14 | Level 🧶 🧶 |

사이즈 둘레 53cm, 높이 22cm

준비물

실: 필다르사 파트너 3.5(PARTNER 3.5 : 나일론 50%,
울 25%, 아크릴 25%) 다크그레이(MINERAI) 3볼
대바늘 3mm, 대바늘 3.5mm
*응용무늬 게이지(대바늘 3.5mm) 26코 38단

사용한 기법

1코/1코 고무단, 메리야스뜨기, 응용무늬, 오른코 줄이기, 왼코 줄이기

만들기

1 다크그레이색 실과 대바늘 3mm로 시작코 140코를 만든다.

2 메리야스뜨기로 4단 뜬 후 1코/1코 고무단으로 10단(3cm) 뜬다.

3 대바늘 3.5mm로 바꾸고 오른쪽 페이지 〈응용무늬〉 도안을 보면서 이어뜬다.

4 42단(11cm)까지 뜬 후 겉뜨기 8코→(왼코 줄이기→겉뜨기 9코)×12회 반복(총 128코)하며 48단까지 골고루 12코 줄인다.

5 49단~54단: 겉뜨기 8코→(오른코 줄이기→겉뜨기 8코)×12회 반복한다. (총 116코)

6 55단~60단: 겉뜨기 8코→(왼코 줄이기→겉뜨기 7코)×12회 반복한다. (총 104코)

7 61단~62단: 겉뜨기 8코→(오른코 줄이기→겉뜨기 6코)×총 12회 반복한다. (총 92코)

8 63단: 메리야스뜨기로 이어뜨면서 겉뜨기 2코→(왼코 줄이기→겉뜨기 7코)×10회 반복한다. (총 82코)

9 64단: 메리야스뜨기한다.

10 65단: 겉뜨기 2코→(오른코 줄이기→겉뜨기 6코)×10회 반복한다. (총 72코)

11 66단: 메리야스뜨기한다.

12 67단: 겉뜨기 2코→(왼코 줄이기→겉뜨기 5코)×10회 반복한다. (총 62코)

13 68단: 메리야스뜨기한다.

14 69단: (왼코 줄이기)×31회 반복한다. (총 31코)

15 70단: 메리야스뜨기한다.

16 71단: 겉뜨기 1코→(왼코 줄이기)×15회 반복한다. (총 16코)

연결하기

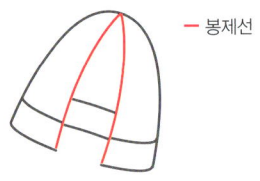

— 봉제선

1 실을 자르고 돗바늘에 끼운다.

2 남은 코 사이로 통과시킨 후 단단히 잡아당긴다.

3 옆선을 꿰매 마무리한다.

〈응용무늬〉

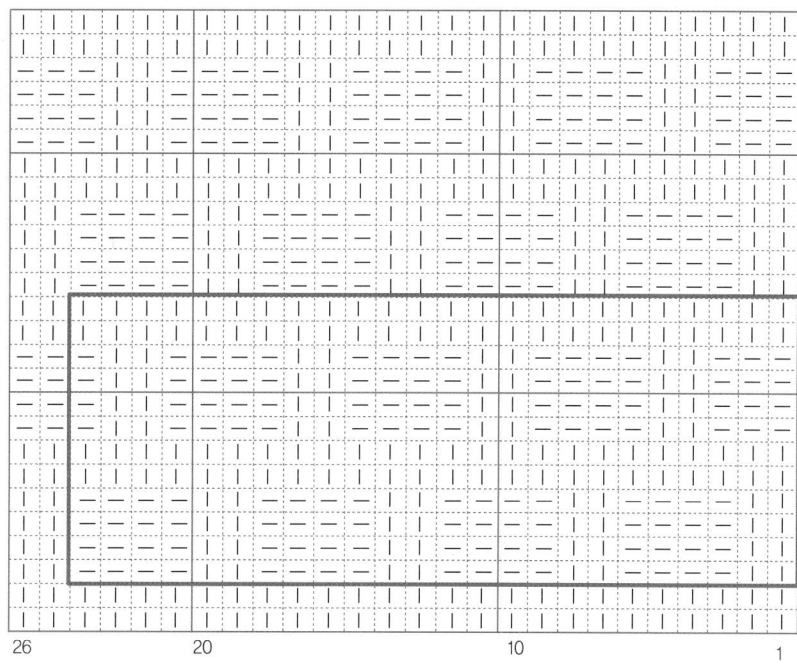

굵은 선으로
표시한
24코 12단을 반복한다.

26　　　　20　　　　　　　10　　　　　　　1

| | 겉면에서 겉뜨기, 안쪽 면에서 안뜨기
| － | 겉면에서 안뜨기, 안쪽 면에서 겉뜨기

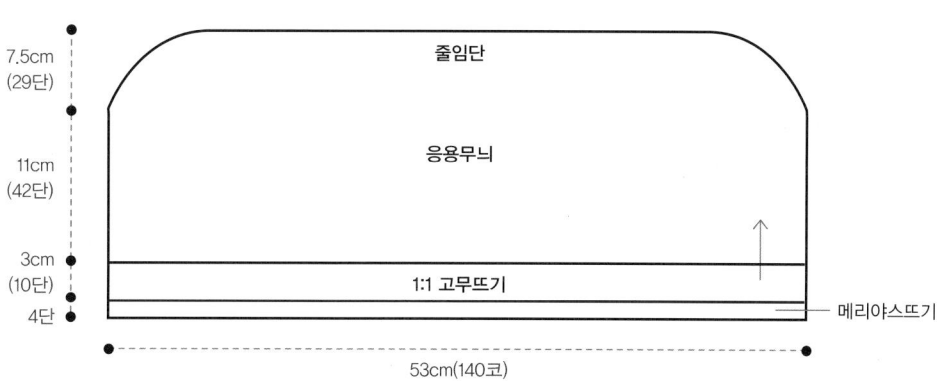

빈티지 스타일 베레모

P16   Level 🧶 🧶 🧶

사이즈 둘레 50cm, 높이 23cm

준비물
실: 필다르사 파트너 6(PARTNER 6 : 폴리아미드 50%, 울 25%, 아크릴 25%) 다크바이올렛 3볼
대바늘 3.5mm, 대바늘 5.5mm, 꽈배기바늘
*응용무늬 게이지(대바늘 5.5mm) 20코 22단

사용한 기법
1코/1코 고무단, 응용무늬

만들기
1 대바늘 3.5mm로 시작코 102코를 만든 후 1코/1코 고무단으로 5단 뜬다.
2 6단은 안쪽 면에서 안뜨기로 뜨면서 골고루 32코 늘린다. (총 134코)
3 7단부터 대바늘 5.5mm로 바꾼 후 오른쪽 도안을 따라 뜬다.
4 44단까지 뜬 후 다음 단에서 왼코 줄이기를 반복한다.
5 실을 자르고 돗바늘에 끼운다. 남은 코 사이로 통과시킨 후 단단히 잡아당긴다.

연결하기

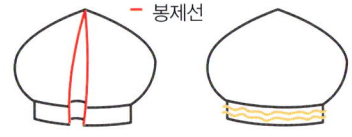

— 봉제선

1 옆선을 꿰맨 후 고무단에 고무줄을 끼운다.

〈85페이지 도안 기호 설명〉

응용 교차뜨기 1
1코를 꽈배기바늘에 옮기고 뜨개조직의 뒤쪽에 둔다.→다음 2코를 겉뜨기로 뜬다.→꽈배기바늘에 있는 1코를 안뜨기로 뜬다.

응용 교차뜨기 2
2코를 꽈배기바늘에 옮기고 뜨개조직의 앞쪽에 둔다.→다음 1코를 안뜨기로 뜬다.→꽈배기바늘에 있는 2코를 겉뜨기로 뜬다.

응용 교차뜨기 3
3코를 꽈배기바늘에 옮기고 뜨개조직의 뒤쪽에 둔다.→다음 2코를 겉뜨기로 뜬다.→꽈배기바늘에 있는 3번째 코를 다시 왼쪽 바늘로 옮긴 후, 꽈배기바늘은 뒤에 놓은 채로 왼쪽바늘에 걸린 1코를 안뜨기로 뜬다.→꽈배기바늘에 있는 2코를 겉뜨기로 뜬다.

왼코 위 2코 교차뜨기
2코를 꽈배기바늘에 옮기고 뜨개 조직 뒤쪽에 둔다.→다음 2코를 겉뜨기로 뜬다.→꽈배기바늘에 있는 2코를 겉뜨기로 뜬다.

오른코 위 2코 교차뜨기
2코를 꽈배기바늘에 옮기고 뜨개 조직 앞쪽에 둔다.→다음 2코를 겉뜨기로 뜬다.→꽈배기바늘에 있는 2코를 겉뜨기로 뜬다.

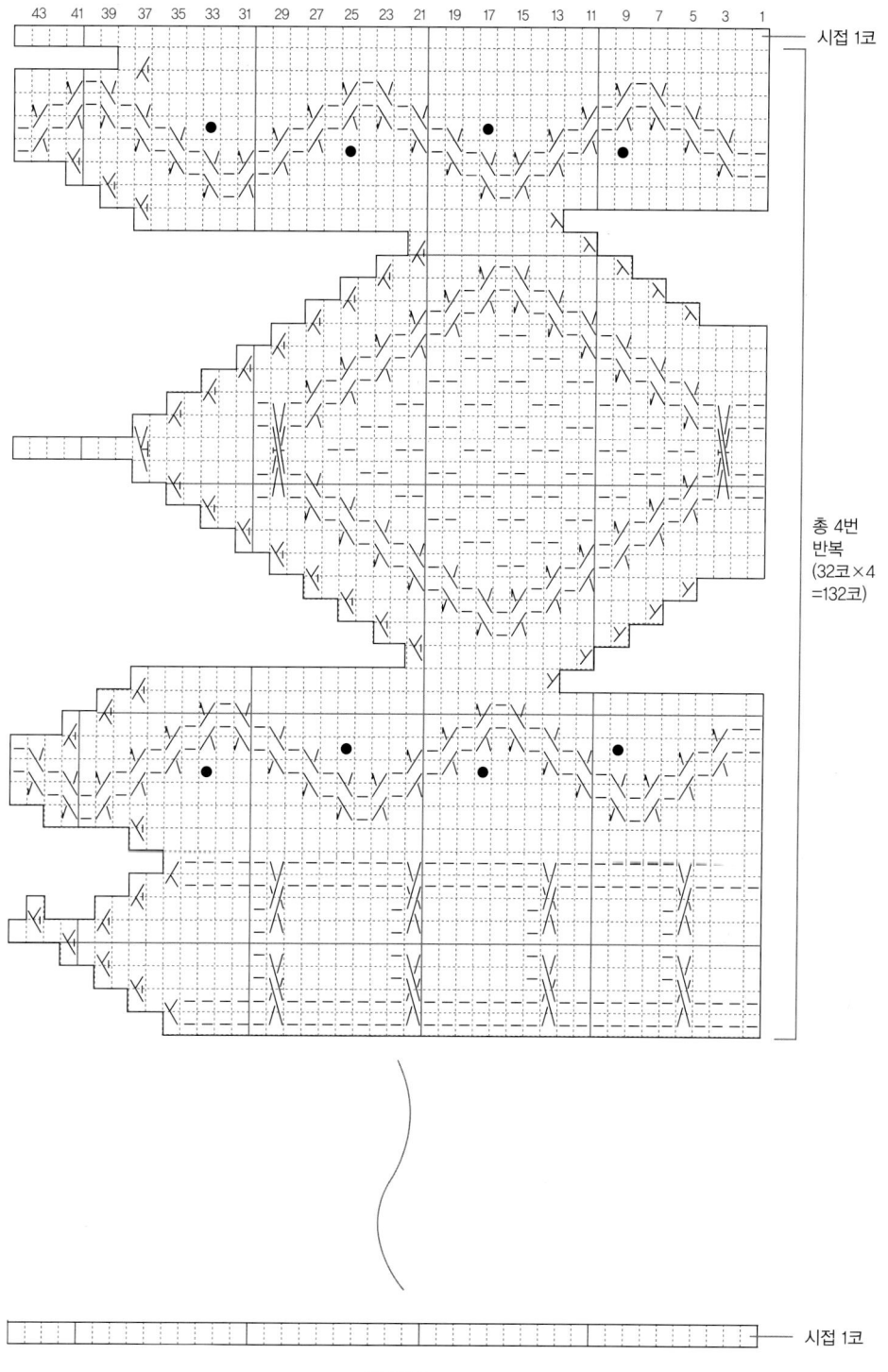

시접 1코

43 41 39 37 35 33 31 29 27 25 23 21 19 17 15 13 11 9 7 5 3 1

총 4번
반복
(32코×4
=132코)

시접 1코

무늬뜨기

코튼 캔디 모자

P15   Level 🧶🧶

사이즈 둘레 49cm, 높이 28cm

준비물
실: 필다르사 루핑(PHIL LOOPING : 아크릴 80%, 울 20%) 다크그레이(CARBONE) 1볼
필다르사 네주(NEIGE : 폴리아미드 100%) 그레이(FUSAIN) 2볼
대바늘(줄바늘) 5mm, 대바늘(줄바늘) 6mm, 마커링
*응용무늬 게이지(대바늘 6mm) 20코=14cm, 40단=15cm

사용한 기법
겉메리야스뜨기, 응용무늬
*줄바늘을 이용해 원형으로 뜬다.

겉메리야스뜨기
1단: 모두 겉뜨기
2단: 모두 겉뜨기
1~2단을 반복한다.

응용무늬
1무늬는 10코.
1단 네주(그레이): (실을 뜨개조직 뒤에 두고, 안뜨기로 걸러뜨기 5코→겉뜨기 5코)×반복
2단 네주(그레이): 실을 뜨개조직 뒤에 두고, (안뜨기로 걸러뜨기 5코→실을 뜨개조직 앞에 두고, 안뜨기 5코→실을 뜨개조직 뒤에 두기)×반복
3~6단 네주(그레이): 2단과 같이 뜬다.
7~10단 루핑(다크그레이): 모두 겉뜨기

11단 네주(그레이): (겉뜨기 5코→실을 뜨개조직 뒤에 두고, 안뜨기로 걸러뜨기 5코)×반복
12단 네주(그레이): (실을 뜨개조직 앞에 두고, 안뜨기 5코→실을 뜨개조직 뒤에 두고, 안뜨기로 걸러뜨기 5코)×반복
13~16단 네주(그레이): 12단과 같이 뜬다.
17~20단 루핑(다크그레이): 모두 겉뜨기
1~20단을 반복한다.

만들기
1 다크그레이색 실과 대바늘(줄바늘) 5mm로 시작 코 70코를 만든다.
2 메리야스뜨기로 8단(4cm) 원형으로 돌려뜬다.
3 대바늘(줄바늘) 6mm로 바꾼 다음 응용무늬로 70단(26.5cm) 뜬다.
4 실을 자르고 돗바늘에 끼운다. 남은 코 사이로 통과시킨 후 단단히 잡아당긴다.

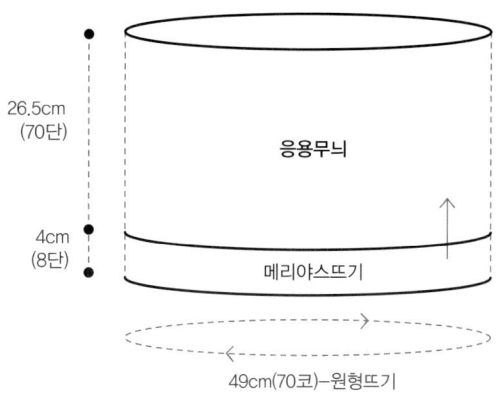

26.5cm
(70단)

4cm
(8단)

응용무늬

메리야스뜨기

49cm(70코)−원형뜨기

〈응용무늬〉

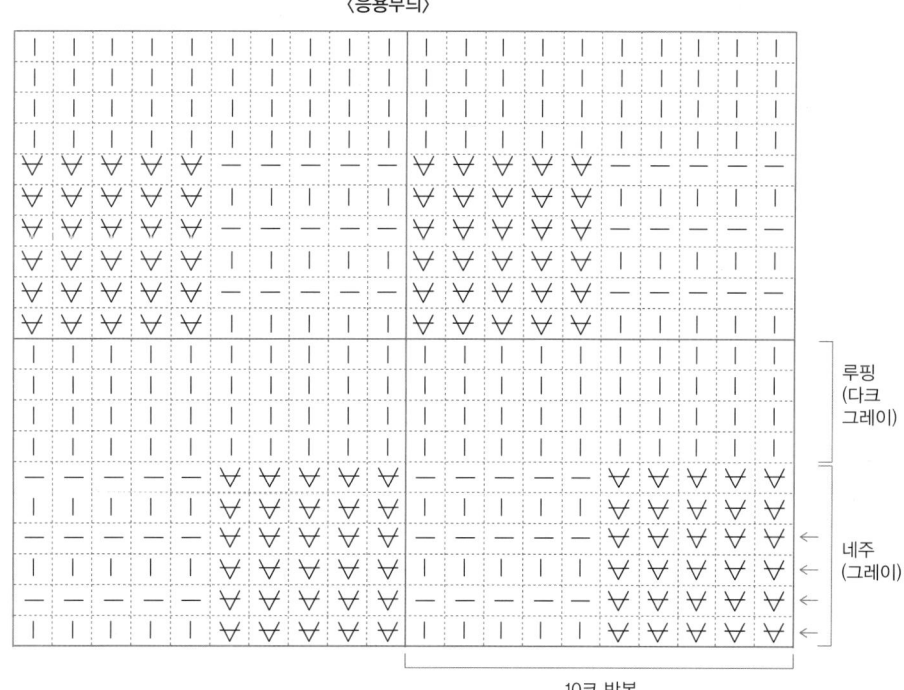

루핑
(다크
그레이)

네주
(그레이)

10코 반복

∀ 안뜨기로 걸러뜨기

그물 패턴 모자

P19	Level

사이즈 둘레 53cm, 높이 25cm

준비물
실: 필다르사 하모니(PHIL HARMONY : 울 51%, 아크릴 49%) 다크그린(FOUGÈRE) 3볼
대바늘 4.5mm, 대바늘 5mm
*응용무늬 게이지(대바늘 5mm) 13코 36단

사용한 기법
2코/2코 고무단, 응용무늬(벌집무늬)

벌집무늬
전체 콧수는 짝수로 한다. (2의 배수 + 양쪽 시접 1코씩)
1단: 모두 겉뜨기
2단: 모두 겉뜨기
3단: 시접코 1코→(겉뜨기 1코→더블겉뜨기 1코)×반복→시접코 1코
4단: 시접코 1코→(오른쪽 바늘로 이전 단에서 풀어진 코를 끌어올려 왼쪽 바늘에 걸려 있는 코와 함께 겉뜨기 1코→겉뜨기 1코)×1코 남을 때까지 반복→시접코 1코
5단: 시접코 1코→(더블겉뜨기 1코→겉뜨기 1코)×반복→시접코 1코
6단: 시접코 1코→(겉뜨기 1코 → 오른쪽 바늘로 이전 단에서 풀어진 코를 끌어올려 왼쪽 바늘에 걸려 있는 코와 함께 겉뜨기 1코)×반복 → 시접코 1코
3~6단을 계속 반복한다.

만들기
1 대바늘 4.5mm로 시작코 78코를 만든다.
2 2코/2코 고무단으로 3cm 뜬 후 시작과 끝을 각각 겉뜨기 2코씩 한다.
3 대바늘 5mm로 바꾼 후 아래 도안을 따라 첫 단에서 8코를 골고루 줄이며 이어뜬다. (총 70코)
4 22cm까지 뜬 후 실을 자르고 돗바늘에 끼운다.
5 남은 코 사이로 통과시킨 후 단단히 잡아당긴다.

연결하기

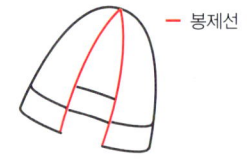

— 봉제선

1 옆선을 꿰맨다.

〈응용무늬〉

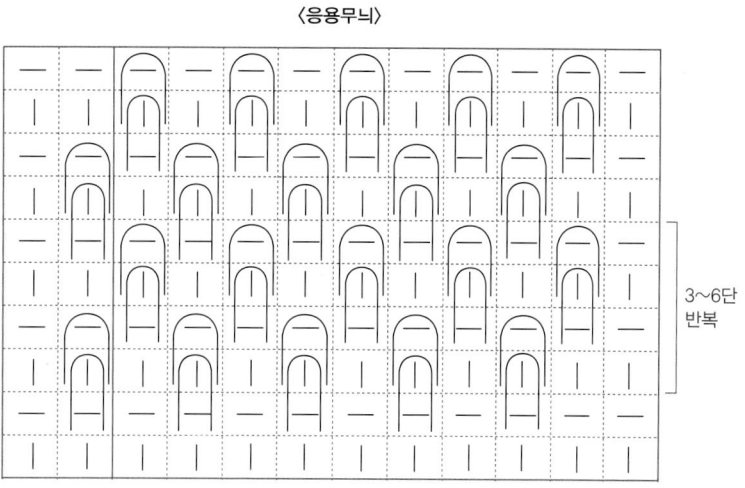

3~6단
반복

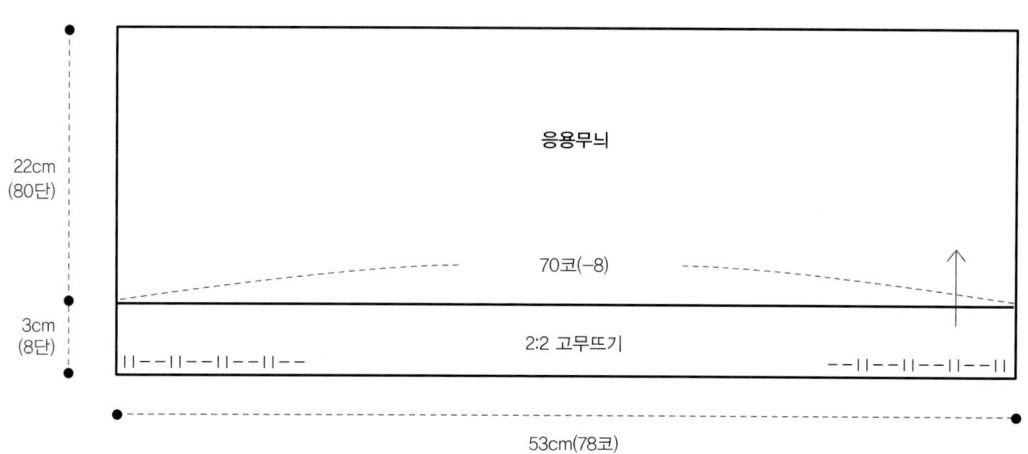

응용무늬

22cm
(80단)

70코(-8)

3cm
(8단)

2:2 고무뜨기

53cm(78코)

트위스트 모자

P20   Level 🧶 🧶

사이즈 둘레 50cm, 높이 28cm

준비물

실: 필다르사 파트너 6(PARTNER 6 : 나일론 50%, 울 25%, 아크릴 25%) 로즈그레이(BRUYÈRE) 3볼, 네온핑크(GRENADINE) 1볼

대바늘 5mm, 대바늘 6mm, 꽈배기바늘, 마커링

*무늬뜨기 게이지(대바늘 6mm) 20코 23단

사용한 기법

3코/3단 고무단, 무늬뜨기

만들기

1 로즈그레이색 실과 대바늘 5mm로 시작코 98코를 만든다.

2 3코/3코 고무단으로 6단(3cm) 뜬 후 시작은 겉뜨기 4코, 끝은 안뜨기 4코 한다.

3 대바늘 6mm로 바꾼다. 오른쪽 페이지 〈무늬뜨기〉 도안을 보며 54단(24cm)까지 뜬다.

4 55단(겉면): 양쪽 끝 시접코를 제외한 모든 코를 3코씩 한꺼번에 뜨며 줄인다. 왼쪽 바늘에 걸려 있는 대로 겉뜨기 3코는 겉뜨기로 모아뜨고, 안뜨기 3코는 안뜨기로 모아뜬다. 34코가 남는다.

5 56단(안쪽 면): 모든 코를 안뜨기로 뜬다.

6 57단(겉면): 양쪽 끝 시접코를 제외한 모든 코를 2코씩 한꺼번에 겉뜨기하며 줄인다. 18코 남는다.

7 실을 자르고 돗바늘에 끼운다. 남은 코 사이로 통과시킨 후 단단히 잡아당겨 구멍을 막는다.

방울

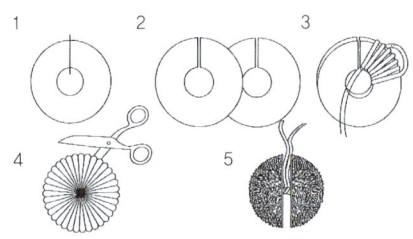

1 두꺼운 종이에 지름이 13cm인 원을 그린 후 자른다. 중앙에 3.5cm 원을 다시 그려 자르고 윗부분을 그림과 같이 자른다.

2 1과 같은 방법으로 1장 더 만든다.

3 2장의 원을 겹쳐놓고 작은 원이 채워질 때까지 실을 감는다.

4 겹쳐놓은 원 사이에 가위를 넣어서 바깥쪽 실을 자른다.

5 원을 살짝 벌려 중앙을 실로 단단히 묶은 후 종이를 제거한다. 가위로 길이를 다듬는다.

연결하기

1 옆선을 꿰맨다.

2 네온핑크색 실로 지름이 13cm인 방울을 만들어 모자 끝에 단다.

〈무늬뜨기〉

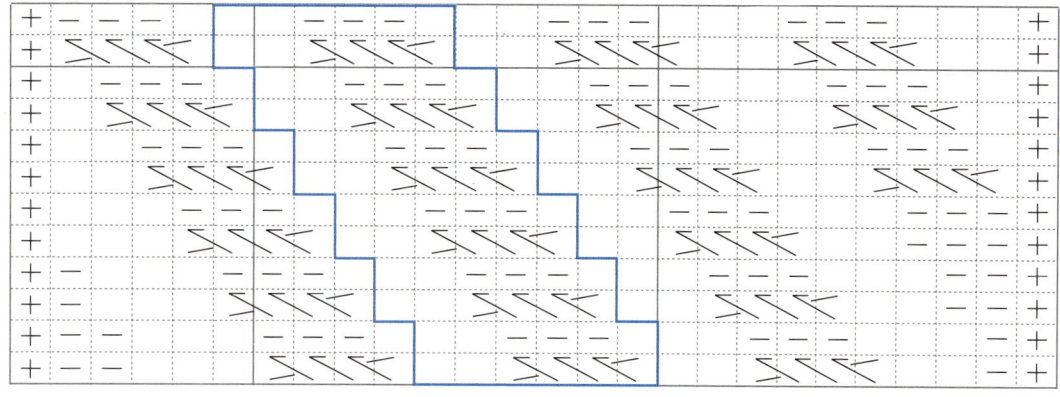

굵은 칸으로 표시한 6코 12단을 반복

응용교차뜨기: 연속된 3코를 꽈배기바늘에 옮기고 뜨개 조직의 앞쪽에 둔다.→
다음 코를 겉뜨기로 뜬다.→꽈배기바늘에 있는 3코를 안뜨기로 뜬다.

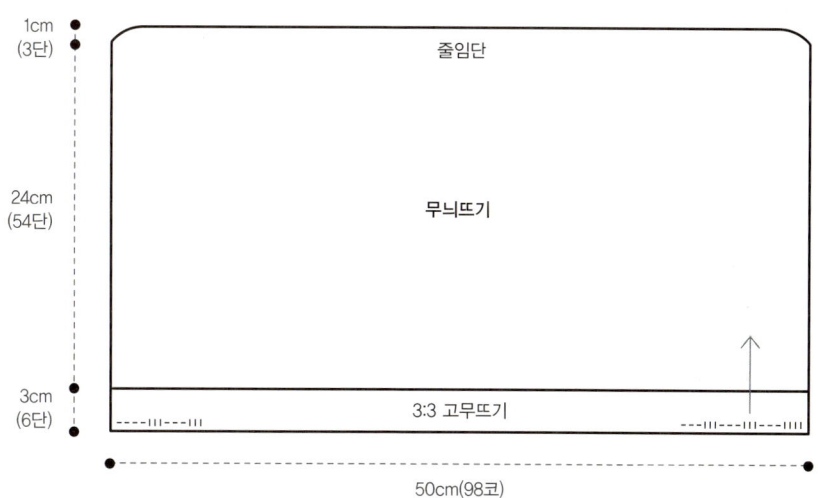

트리플 컬러 모자

P22   Level 🧶 🧶 🧶

사이즈 둘레 50cm, 높이 28cm

준비물
실: 필다르사 파트너 3.5(PARTNER 3.5 : 나일론 50%,
울 25%, 아크릴 25%) 핑크(GRENADINE) 1볼
필다르사 제피르(ZÉPHYR : 울 36%, 아크릴 36%, 폴
리아미드 28%) 라이트핑크(HORTENSIA) 1볼, 소프트
민트(FJORD) 1볼
대바늘 4mm, 꽈배기바늘, 마커링
*꽈배기무늬 게이지(대바늘 4mm) 25코 29단

사용한 기법
2코/2코 고무단, 꽈배기무늬

만들기
1 소프트민트색 실과 대바늘 4mm로 시작코 130코
　를 만든다.
2 2코/2코 고무단으로 18단(5.5cm) 뜬 후 시작과 끝
　을 각각 겉뜨기 2코씩 한다.
3 다음 단부터 대바늘 4mm로 오른쪽 도안을 보며
　이어뜬다. 첫 단에서 2코 줄인 후(총 128코) 소프
　트민트 30단→라이트핑크 28단→핑크 14단 (총
　72단) 순서로 실의 색상을 바꾼다.
4 58단(20cm)까지 뜬 다음 59단부터 오른쪽 도안을
　보며 코를 줄인다. 38코가 남는다.
5 72단(25cm)까지 뜬 다음 모든 코를 느슨하게 코막
　음한다.

연결하기

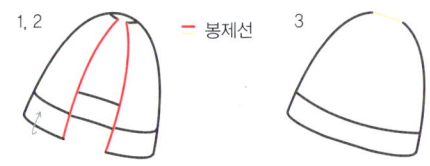

1 아래 고무단을 바깥쪽으로 시접이 생기게 꿰맨다.
2 안쪽에 시접이 생기게 꿰매 모자 옆선을 연결한다.
3 모자 윗부분을 평평하게 꿰맨다.

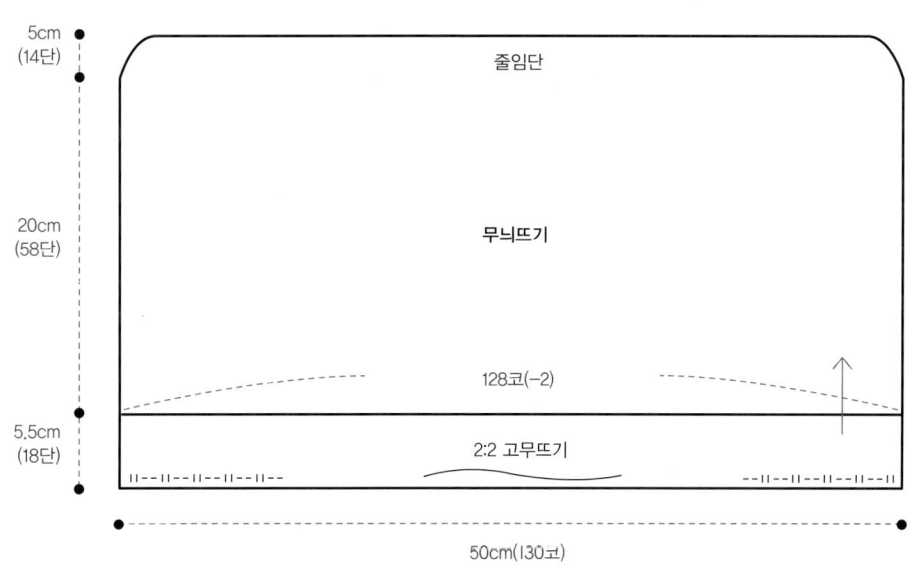

5cm
(14단)

20cm
(58단)

5.5cm
(18단)

줄임단

무늬뜨기

128코(−2)

2:2 고무뜨기

50cm(130코)

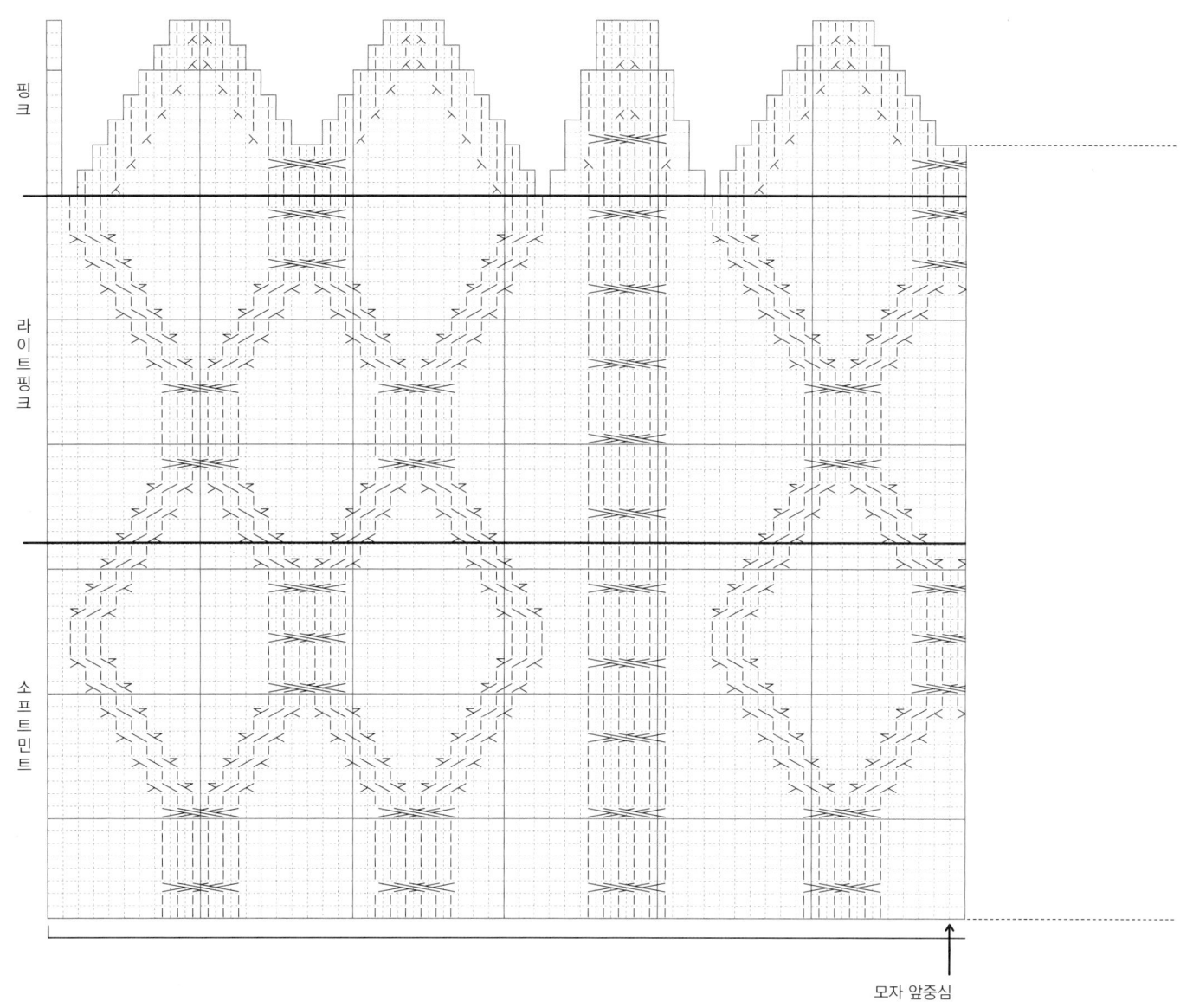

핑크

라이트핑크

소프트민트

모자 앞중심

응용교차뜨기 1: 1코를 꽈배기바늘에 옮기고 뜨개 조직의 뒤쪽에 둔다.→
다음 3코를 겉뜨기로 뜬다.→꽈배기바늘에 있는 1코를 안뜨기로 뜬다.

응용교차뜨기 2: 연속된 3코를 꽈배기바늘에 옮기고 뜨개 조직의 앞쪽에 둔다.→
다음 코를 안뜨기로 뜬다.→꽈배기바늘에 있는 3코를 겉뜨기로 뜬다.

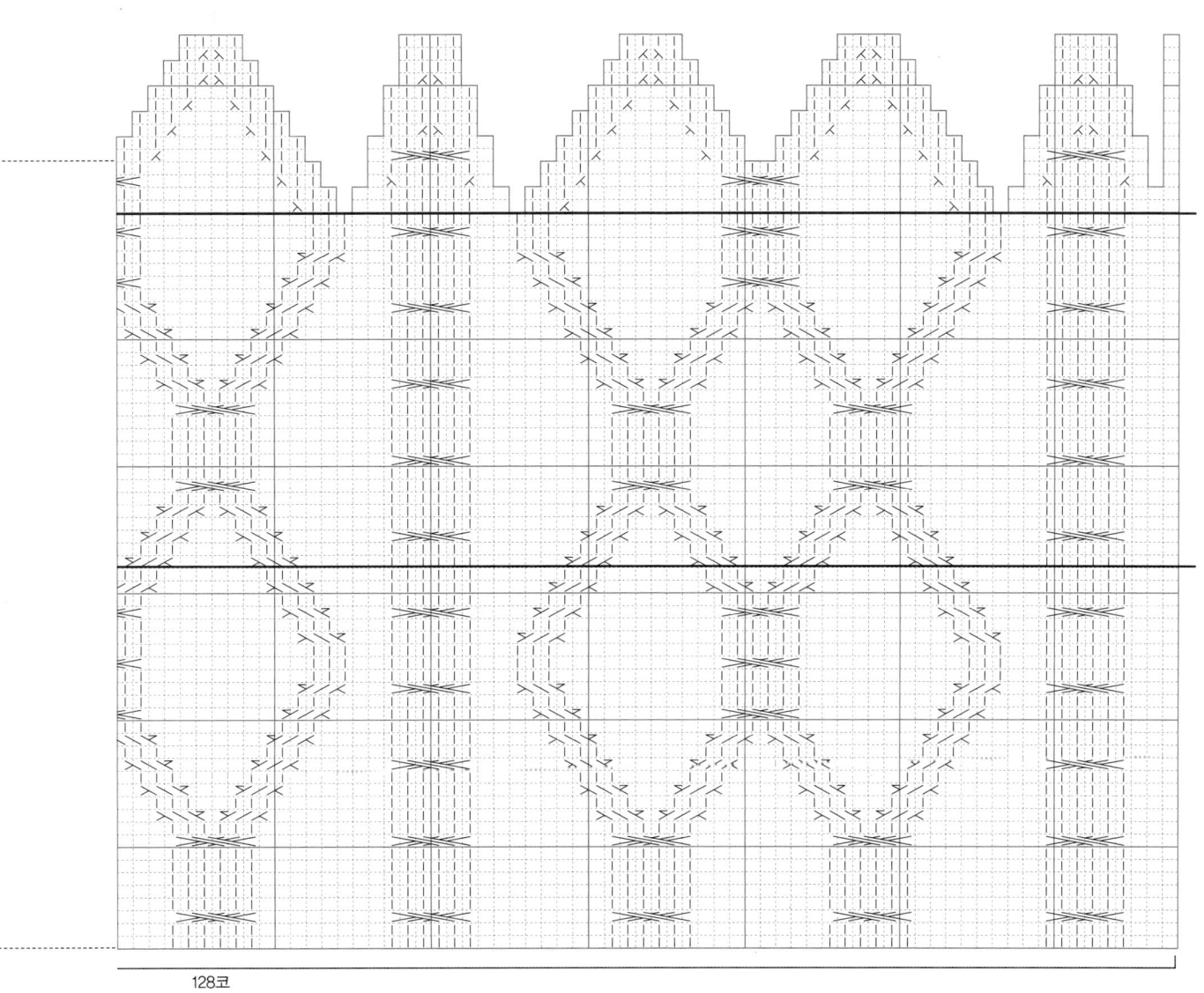

128코

오른코 위 3코 교차뜨기: 연속된 3코를 꽈배기바늘에 옮기고 뜨개 조직의 앞쪽에 둔다.→
다음 3코를 겉뜨기로 뜬다.→꽈배기바늘에 있는 3코를 겉뜨기로 뜬다.

패치워크 목도리

P25　Level

사이즈 25×180cm

준비물

실: 필다르사 라피도(RAPIDO : 아크릴 25%, 울 25%, 폴리아미드 50%) 블랙(NOIR) 2볼, 브라운(CARAMEL) 2볼, 다크그레이(SOURIS) 2볼, 베이지(BEIGE) 2볼, 다크오렌지(VERMILLON) 2볼

필다르사 테르네브(TERRE NEUVE : 울 100%) 혼합색(COCKTAIL) 2볼

대바늘 8mm, 꽈배기바늘, 마커링

*1코 1단 멍석뜨기 게이지(실: 라피도, 대바늘 8mm)
10코 18단

1코 2단 멍석뜨기 게이지(실: 라피도, 대바늘 8mm)
11코 16단

3코/2코 고무단 게이지(실: 라피도, 대바늘 8mm)
11코 15단

응용가터뜨기 게이지(실: 라피도, 대바늘 8mm)
11코 18단

무늬뜨기 1 게이지(실: 테르네브, 대바늘 8mm)
12코 14단

무늬뜨기 2 게이지(실: 라피도, 대바늘 8mm)
13코 15단

사용한 기법

메리야스뜨기, 가터뜨기, 3코/2코 고무단(겉뜨기 3코→안뜨기 2코), 1코 1단 멍석뜨기, 1코 2단 멍석뜨기, 응용가터뜨기, 무늬뜨기 1, 무늬뜨기 2

만들기

1 사각형 1: 블랙 실과 대바늘 8mm로 시작코 25코를 만든다. 1코 1단 멍석뜨기로 54단(30cm) 뜬 후 코막음한다.

2 사각형 2: 혼합색 실과 대바늘 8mm로 시작코 32코를 만든다. 오른쪽 페이지 〈무늬뜨기 1〉로 44단(30cm) 뜬 후 코막음한다.

3 사각형 3: 브라운색 실과 대바늘 8mm로 시작코 27코를 만든다. 1코 2단 멍석뜨기로 48단(30cm) 뜬 후 코막음한다.

4 사각형 4: 다크그레이색 실과 대바늘 8mm로 시작코 28코를 만든다. 3/2코 고무단으로 44단(30cm) 뜬 후 코막음한다. 고무단 시작과 끝은 겉뜨기 3코씩 한다.

5 사각형 5: 베이지색 실과 대바늘 8mm로 시작코 34코를 만든다. 오른쪽 페이지 〈무늬뜨기 2〉 46단(30cm) 뜬 후 코막음한다.

6 사각형 6: 다크오렌지색 실과 대바늘 8mm로 시작코 28코를 만든다. 1단→겉뜨기, 2단→안뜨기, 3단→겉뜨기, 4단→겉뜨기를 반복한 후 54단(30cm) 떠서 코막음한다.

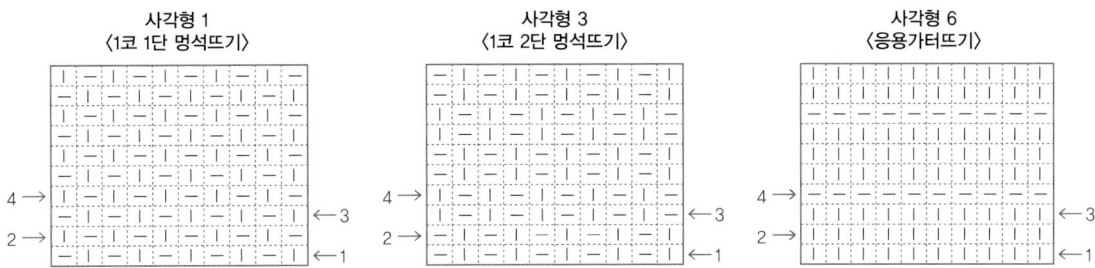

사각형 1
〈1코 1단 멍석뜨기〉

사각형 3
〈1코 2단 멍석뜨기〉

사각형 6
〈응용가터뜨기〉

*홀수 단은 기호대로, 짝수 단은 기호의 반대로 뜬다.

사각형 2
〈무늬뜨기 1〉

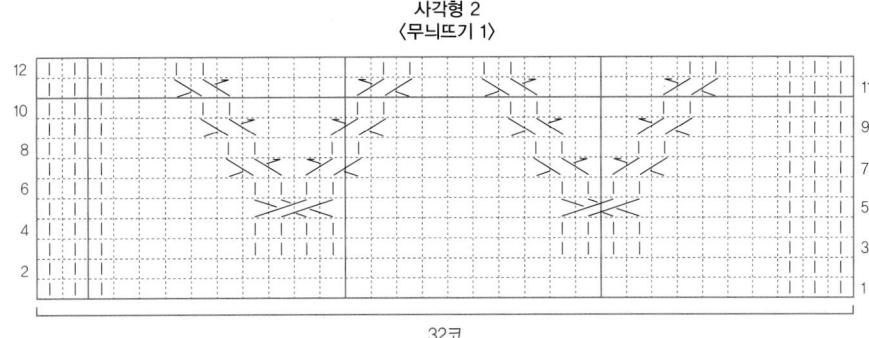

32코

1단부터 12단까지 1번, 3단부터 12단까지 3번, 1단부터 2단까지 1번 뜬다. (총 44단)

응용교차뜨기 1: 1코를 꽈배기바늘에 옮기고 뜨개 조직 뒤쪽에 둔다.
→다음 2코를 겉뜨기로 뜬다.→꽈배기바늘에 있는 2코를 겉뜨기로 뜬다.

응용교차뜨기 2: 2코를 꽈배기바늘에 옮기고 뜨개 조직의 앞쪽에 둔다.
→다음 1코를 안뜨기로 뜬다.→꽈배기바늘에 있는 2코를 겉뜨기로 뜬다.

사각형 5
〈무늬뜨기 2〉

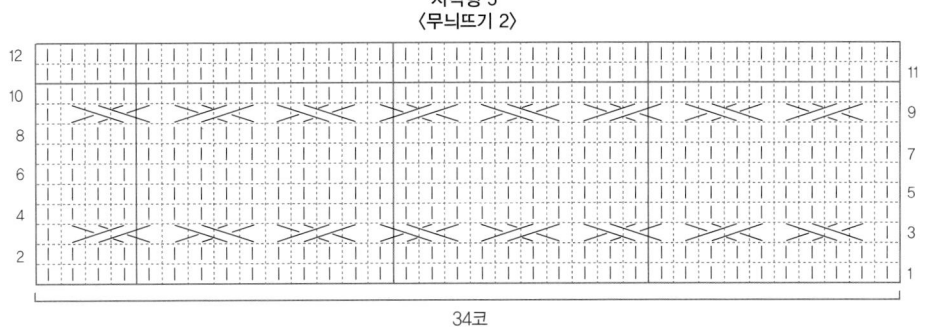

34코

1단부터 12단까지 3번, 1단부터 10단까지 1번 뜬다. (총 46단)

오른코 위 2코 교차뜨기: 2코를 꽈배기바늘에 옮기고 뜨개 조직의 앞쪽에 둔다.
→다음 2코를 겉뜨기로 뜬다.→꽈배기바늘에 있는 2코를 겉뜨기로 뜬다.

왼코 위 2코 교차뜨기 : 2코를 꽈배기바늘에 옮기고 뜨개 조직의 뒤쪽에 둔다.
→다음 2코를 겉뜨기로 뜬다.→꽈배기바늘에 있는 2코를 겉뜨기로 뜬다.

연결하기

1 실과 돗바늘로 도안을 따라 사각형을 연결한다. 조
   각을 질긴 봉제실로 한 번 더 꿰맨다.
2 블랙 실 2겹으로 연결한 부분에 수를 놓는다.

스티치

플랫 스티치(새틴 스티치)

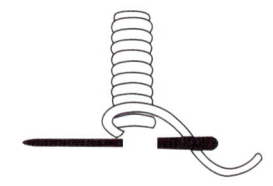

1 수놓을 모티프 왼쪽 윗부분으로 바늘을 뺀다.
2 모티프 오른쪽에 수평하게 바늘을 넣어 작업물 안
   쪽에 바늘을 넣는다.
3 왼쪽 시작점 바로 아래로 바늘을 뺀 후 1~2번을
   반복한다.

크로스 스티치

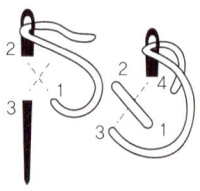

낱개 스티치
1 오른쪽에서 왼쪽으로 진행한다.
2 1번으로 바늘을 뺀 후 왼쪽 위에 있는 2번에 바늘
   을 넣고 다시 3번으로 바늘을 뺀다.
3 왼쪽에서 오른쪽으로, 3번에서 4번으로 바늘을 넣
   는다.

연속된 스티치

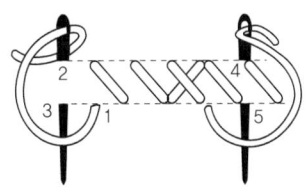

1 오른쪽에서 왼쪽으로 진행한다.
2 1번으로 바늘을 뺀 후 2번에 넣고 다시 3번으로 빼 한 줄을 만든다.
3 왼쪽에서 오른쪽으로 진행한다.
4 4번으로 바늘을 넣어 5번으로 빼 한 줄을 만든다.

스트레이트 스티치

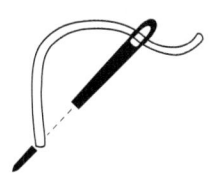

1 수놓을 부분의 왼쪽 끝으로 바늘을 뺀다.
2 수놓을 부분의 오른쪽 끝으로 박음질하듯 바늘을 넣어 길게 스티치를 수놓는다. 이와 같이 수놓은 선이 한 개의 스티치로 완성된다.

블랭킷 스티치(버튼홀 스티치)

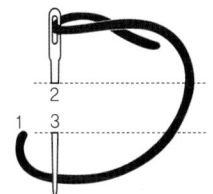

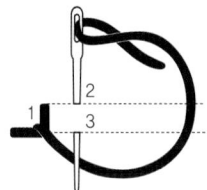

1 1번 방향으로 바늘을 뺀 후 2, 3번으로 바늘을 넣는다.
2 실 위로 바늘을 빼낸다.
3 1~2번을 반복한다.

후드 목도리

P26 | Level

사이즈 25×180cm

준비물

실: 필다르사 파트너 6(PARTNER 6 : 나일론 50%, 울 25%, 아크릴 25%) 라이트브라운(CAMEL) 2볼, 다크오렌지(VERMILLON) 2볼, 브라운(Chataîgne) 2볼, 다크그레이(MINERAI) 2볼

필다르사 스트라스 라이트(STRASS LIGHT : 폴리에스테르 55%, 울 45%) 펄블랙(MÉTÉORE) 2볼

필다르사 파트너 3.5(PARTNER 3.5 : 나일론 50%, 울 25%, 아크릴 25%) 블랙 1볼

대바늘 6mm

*1코 2단 멍석뜨기 게이지(대바늘 6mm) 15코 22단
 무늬뜨기 게이지(대바늘 6mm) 15코 22단

사용한 기법

1코 2단 멍석뜨기, 응용가터뜨기

만들기

1 블랙 1올, 펄블랙 2올을 합사하여 대바늘 6mm로 시작코 32코를 만든다.
2 무늬뜨기 19코, '1코 2단 멍석뜨기' 13코를 뜬다.
3 44단(20cm)까지 뜬 후 다크그레이색 실로 바꿔 이어뜬다.
4 88단(40cm)까지 뜬 후 다크브라운색 실로 바꿔 이어뜬다.
5 132단(60cm)까지 뜬 후 다크오렌지색 실로 바꿔 왼쪽으로 2단마다 2코씩 5번 늘리기→2단마다 1코씩 6번 늘리기한다. 154단 48코가 된다.

6 176단(80cm)까지 뜬 후 라이트브라운색 실로 바꿔 이어뜬다.
7 193단(87cm)에서 왼쪽으로 1코 줄이기→왼쪽으로 4단마다 1코씩 2번 줄이기→2단마다 1코씩 5번 줄이기→2단마다 2코씩 3번 줄이기→2단마다 3코씩 2번 줄이기→2단마다 4코씩 1번 줄인다.
8 224단(102cm)까지 뜬 후 남아 있는 24코를 느슨하게 코막음한다.
9 대칭으로 1장 더 뜬다.

연결하기

1 2장을 맞댄 후 A~B까지 꿰맨다.
2 남은 실을 정리한다.

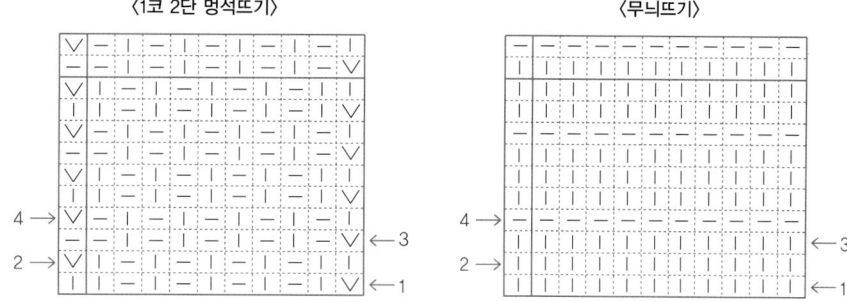

〈1코 2단 멍석뜨기〉   〈무늬뜨기〉

4 →   ← 3
2 →   ← 1

4 →   ← 3
2 →   ← 1

*홀수 단은 기호대로, 짝수 단은 기호의 반대로 뜬다.

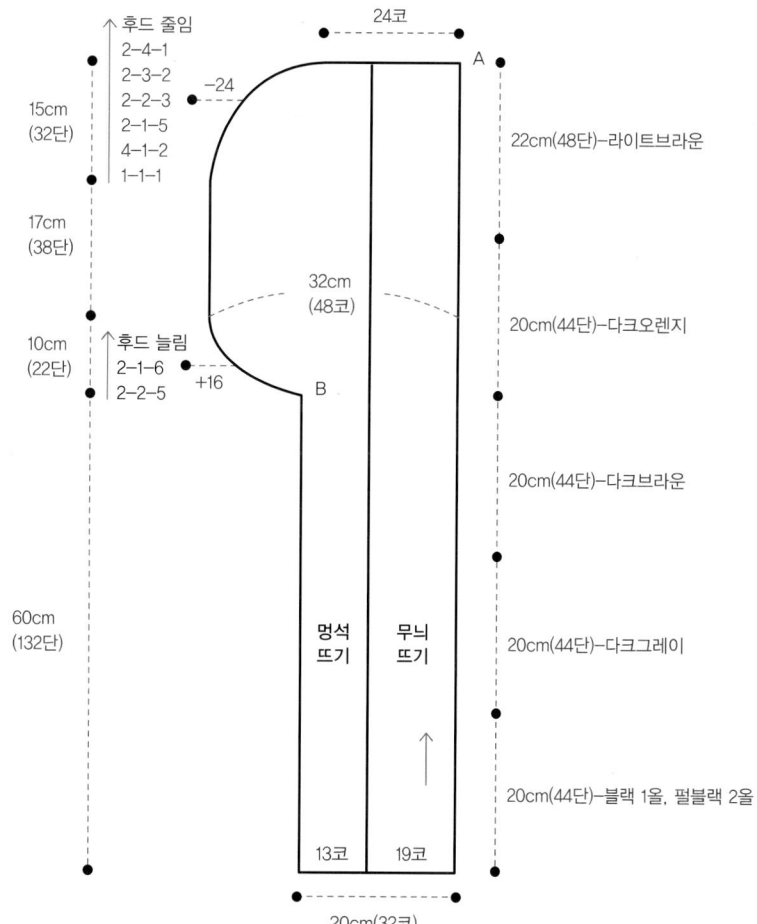

↑ 후드 줄임
2-4-1
2-3-2
2-2-3
2-1-5
4-1-2
1-1-1

24코

−24

A

15cm
(32단)

22cm(48단)-라이트브라운

17cm
(38단)

32cm
(48코)

20cm(44단)-다크오렌지

10cm
(22단)

↑ 후드 늘림
2-1-6
2-2-5

+16

B

20cm(44단)-다크브라운

20cm(44단)-다크그레이

60cm
(132단)

멍석
뜨기

무늬
뜨기

↑

20cm(44단)-블랙 1올, 펄블랙 2올

13코   19코

20cm(32코)

믹스 앤 매치 목도리

P30　Level ✎ ✎

사이즈 40 x 175cm

준비물
실: 필다르사 필올슨(PHIL OURSON : 아크릴
88%, 폴리아미드/나일론 12%) 브론즈(BRONZE) 2볼,
다크브라운(Chataîgne) 2볼
필다르사 하모니(PHIL HARMONY : 울 51%, 아크릴
49%) 라이트 베이지(GAZELLE) 3볼
필다르사 필라이트(PHIL LIGHT : 아크릴 53%, 폴리아
미드 29%, 울 18%) 브라운(CARAMEL) 1볼, 다크옐로
우(MIEL) 1볼
필다르사 스트라스 라이트(STRASS LIGHT : 폴리에스
테르 55%, 울 45%) 구리색(CUIVRE) 2볼
필다르사 토나드(TORNADE : 아크릴 21%, 모헤어
32%, 폴리아미드 13%, 폴리에스테르 24%) 레드혼합
색
대바늘 4mm, 대바늘 5mm
*메리야스 게이지(실: 필올슨, 대바늘 4mm) 18코 28
단
메리야스 게이지(실: 토나드 1올+필라이트 1올, 대바
늘 5mm) 15코 20단
변형고무단 게이지(실: 필라이트 1올+스트라스 라이
트 1올, 대바늘 4mm) 14코 38단
1코 2단 멍석뜨기 게이지(실: 하모니, 대바늘 5mm) 14
코 20단

사용한 기법
메리야스뜨기
1코 2단 멍석뜨기
더블겉뜨기: 왼쪽 바늘에 걸린 코의 아래코에 바늘 넣

어 겉뜨기한다. 이때 왼쪽 바늘에 걸려있던 코는 풀어
진다.
변형고무단: 전체 콧수는 홀수로 한다.
1단: 모두 겉뜨기
2단: 겉뜨기(=시접코) 1코→(겉뜨기 1코→더블겉뜨기
1코)×반복→겉뜨기 1코→겉뜨기(시접코) 1코→
3단: 겉뜨기(=시접코) 1코→(더블겉뜨기 1코→겉뜨기
1코)×반복→더블겉뜨기 1코→겉뜨기(시접코) 1코
2~3단을 반복한다.

만들기
1　직사각형 1: 필올슨 다크브라운 실과 대바늘 4mm
로 시작코 36코를 만든다. 메리야스뜨기로 70단
(25cm) 뜬 후 모든 코를 코막음해 총 2장 뜬다.
2　직사각형 2: 필올슨 브론즈색 실과 대바늘 4mm로
시작코 36코를 만든다. 메리야스뜨기로 70단
(25cm) 뜬 후 모든 코를 코막음해 총 2장 뜬다.
3　직사각형 3: [토나드 레드혼합색 1올+필라이트 브
라운 1올]과 대바늘 5mm로 시작코 30코를 만든
다. 메리야스뜨기로 50단(25cm) 뜬 후 모든 코를
코막음해 총 2장 뜬다. 모든 단의 한쪽 시접코 1코
는 가터뜨기로 한다.
4　직사각형 4: [필라이트 다크옐로 1올+스트라스 라
이트 구리색 1올]과 대바늘 4mm로 시작코 29코를
만든다. 변형고무단(〈사용한 기법〉 참고)으로 94
단(25cm) 뜬 후 모든 코를 코막음해 총 2장 뜬다.
5　하모니 라이트 베이지색 실과 대바늘 5mm로 시
작코 29코를 만든다. 1코 2단 멍석뜨기로 50단
(25cm) 뜬 후 모든 코를 코막음해 총 2장 뜬다.

〈목도리 뜨기 도안〉

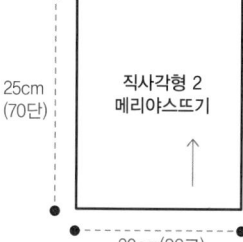

25cm
(70단)

직사각형 1
메리야스뜨기
↑

20cm(36코)

25cm
(70단)

직사각형 2
메리야스뜨기
↑

20cm(36코)

연결하기

1 조각 색상에 따라 라이트베이지, 다크옐로, 브라운
   색 실로 바꿔가며 연결하거나 봉제실로 꿰맨다.

직사각형 2	직사각형 5
직사각형 3	직사각형 4
직사각형 5	직사각형 1
직사각형 4	직사각형 3
직사각형 2	직사각형 5
직사각형 3	직사각형 4
직사각형 5	직사각형 1

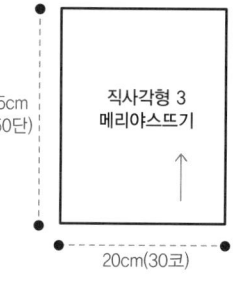

25cm
(50단)

직사각형 3
메리야스뜨기
↑

20cm(30코)

25cm
(94단)

직사각형 4
변형고무단
↑

20cm(29코)

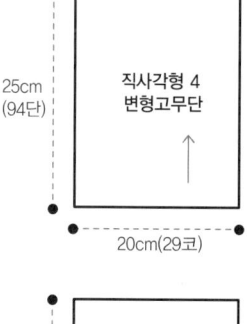

25cm
(50단)

직사각형 5
1코 2단 멍석뜨기
↑

20cm(29코)

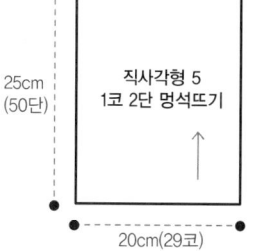

장식술 달린 삼각 목도리

P32	Level 🧶

사이즈 130×50cm

준비물

실: 필다르사 로카이유(PHIL ROCAILLE : 폴리아미드 48%, 울 27%, 아크릴 25%) 베이지그레이(TOURBE) 6볼

대바늘 7mm

*메리야스뜨기 게이지(대바늘 7mm) 13코 18단

사용한 기법

메리야스뜨기

만들기

1 대바늘 7mm로 시작코 171코를 만들어 메리야스뜨기한다.

2 첫 2코와 마지막 2코를 겉면에서는 2코 모아뜨기로 줄이고, 안쪽면에서는 안뜨기로 2코 모아뜨기해 줄인다. 이 같은 방법으로 양쪽에서 2단마다 1코씩 5번 줄이기→1단마다 1코씩 79번 줄인다.

3 89단 3코가 남는다. 다음 단을 안뜨기로 뜬 후 남아있는 3코를 모두 코막음한다.

4 24cm×3올로 장식술을 93개 만든다.

5 각 술을 반으로 접어서 숄에 묶어준다.

연결하기

1 술을 모서리에 묶은 후 일정한 간격으로 묶어 달아준다.

2 장식술을 모두 10cm 길이로 다듬어 마무리한다.

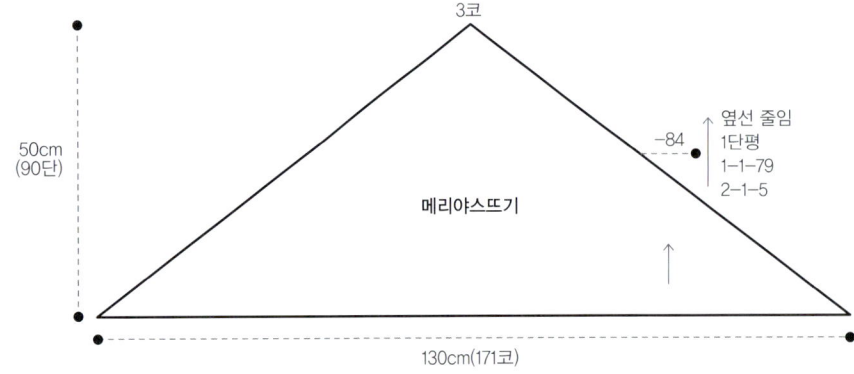

꽈배기 패턴 목도리

| P31 | Level 🧶 |

사이즈 25×190cm

준비물

실: 필다르사 네브류스(NEBULEUSE : 울 53%, 아크릴 35%, 폴리아미드 12%) 와인색(BOURGOGNE) 10볼
대바늘 7호, 꽈배기바늘
*응용무늬 게이지(대바늘 7mm) 52코= 24cm, 10cm=18단

사용한 기법

응용무늬(그림도안 참고)

만들기

1 대바늘 7mm로 시작코 52코를 만들어 그림도안을 보며 뜬다.

2 340단(190cm)이 되면 모든 코를 코막음한다.

〈도안 기호 설명〉

응용교차뜨기 1

4코를 꽈배기바늘에 옮기고 뜨개 조직 뒤개에 둔다.→다음 2코를 겉뜨기로 뜬다.→꽈배기바늘에 있는 4번째 코와 3번째 코를 다시 왼쪽 바늘로 옮긴 후 꽈배기바늘은 뒤에 놓는다.→왼쪽 바늘에 걸린 2코를 안뜨기로 뜬다.→꽈배기바늘에 있는 2코를 겉뜨기로 뜬다.

응용 교차뜨기 2

2코를 꽈배기바늘에 옮기고 뜨개 조직의 앞쪽에 둔다.→왼쪽 바늘에 있는 2코를 다시 다른 꽈배기바늘에 옮기고 뒤쪽에 둔다.→왼쪽 바늘의 2코를 겉뜨기로 뜬다.→뒤쪽으로 빼 두었던 2코를 안뜨기로 뜬다.→앞쪽으로 빼 두었던 2코를 겉뜨기로 뜬다.

굵은 칸으로 되어 있는 12단을 반복한다. 　　　　　〈응용무늬〉

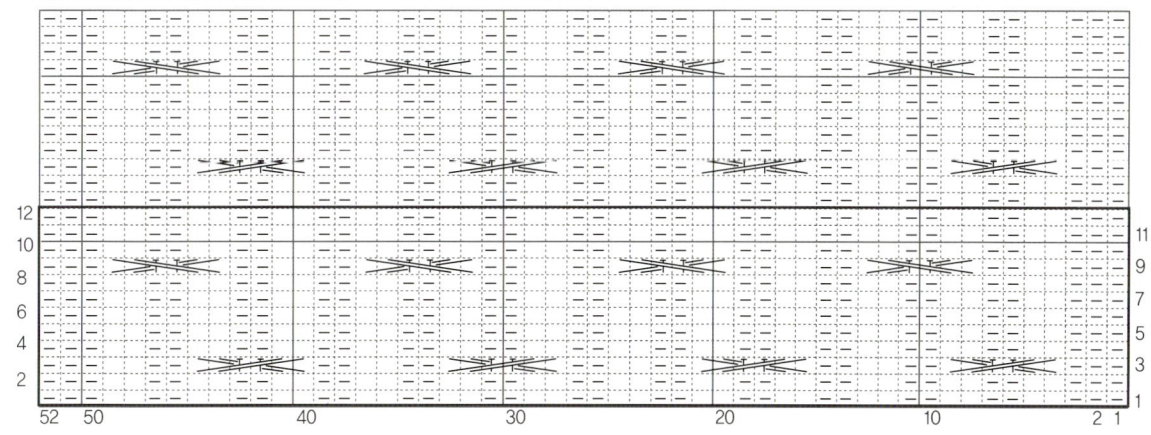

투 톤 블록 넥워머

P28   Level

사이즈 70×31cm

준비물

실: 필다르사 프리마(FRIMAS : 울 50%, 코튼 50%) 블랙(NOIR) 2볼
필다르사 하모니(PHIL HARMONY : 울 51%, 아크릴 49%) 브론즈(BRONZE) 2볼
대바늘 5mm, 대바늘 4.5mm, 마커링, 실패
* 무늬뜨기 게이지(대바늘 5mm) 16코 23단

사용한 기법

1코/1코 고무단, 무늬뜨기

만들기

1 블랙 실과 대바늘 4.5mm로 시작코 114코를 만든 후 1코/1코 고무단으로 4cm(12단) 뜬다.

2 대바늘 5mm로 바꾼다.

3 〈무늬도안〉과 같이 블랙 실로 안 메리야스, 브론즈색 실로 겉메리야스, 블랙 실로 안 메리야스, 브론즈색 실로 겉메리야스, 블랙실로 안 메리야스, 브론즈색 실로 겉메리야스, 브론즈색 실로 안 메리야스, 브론즈색 실로 겉메리야스로 18단을 뜬다.

4 그림의 무늬를 보면서 54단까지 뜬다. 겉면에서는 겉뜨기를 하면서 색을 바꿔야 배색한 부분에 점선이 생기지 않는다.

5 블랙 실과 대바늘 4.5mm로 바꾼 후 1코/1코 고무단으로 4cm(12단) 뜬다.

6 모든 코를 느슨하게 코막음한다.

연결하기

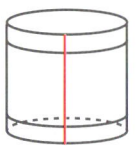

— 봉제선

1 옆선을 꿰맨다.

〈무늬도안〉

A	C	A	C	A	C	A	B	18단
C	A	C	D	C	A	C	A	18단
A	B	A	C	A	C	A	C	18단

A : 브론즈색 실로 겉메리야스뜨기
B : 브론즈색 실로 안메리야스뜨기
C : 블랙 실로 안메리야스뜨기
D : 블랙 실로 겉메리야스뜨기

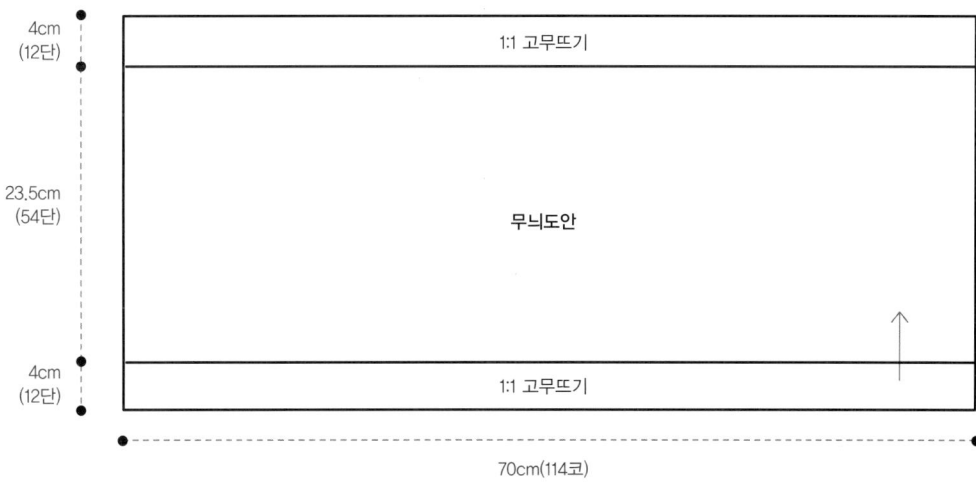

107

심플 넥워머

| P34 | Level  |

사이즈 70×25cm

준비물
실: 필다르사 익스프레스(PHIL EXPRESS : 아크릴 80%, 울 20%) 다크그레이(MINERAI) 2볼, 필다르사 익스프레스(PHIL EXPRESS : 아크릴 80%, 울 20%) 블루(JEANS) 2볼
대바늘(줄바늘) 12mm
*가터뜨기 게이지(대바늘 12mm) 6코 13단

사용한 기법
가터뜨기

만들기
1 대바늘 12mm로 시작코 42코를 만든다.
2 둥글게 돌려가며 1단을 모두 겉뜨기한다.
3 2단을 모두 안뜨기한다. (1, 2단을 반복한다)
4 25cm가 되면 모든 코를 느슨하게 코막음한다.
5 남은 실을 정리한다.

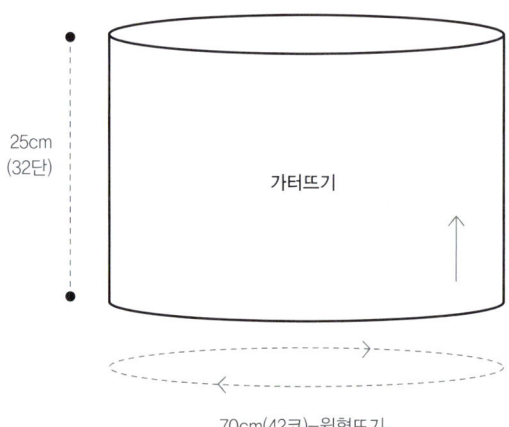

25cm
(32단)

가터뜨기

70cm(42코)—원형뜨기

앙고라 무드 목도리

| P36 | Level 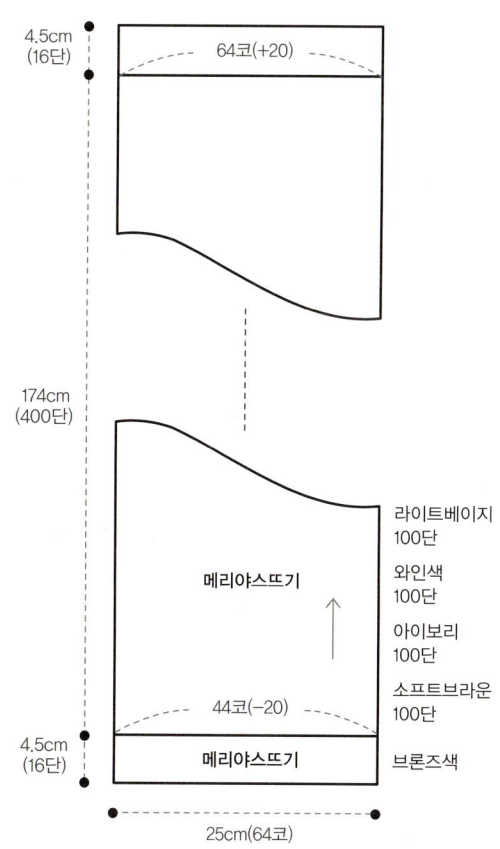 |

사이즈 25×183cm

준비물
실: 필다르사 보젠시(BEAUGENCY : 폴리아미드 55%, 아크릴 25%, 울 20%) 소프트브라운(HOUBLON) 2볼, 아이보리(CRAIE) 2볼, 와인색(BOURGOGNE) 2볼, 라이트베이지(NATUREL) 2볼
필다르사 미리야드(MYRIADE : 폴리아미드 65%, 폴리에스테르 35%) 브론즈(BLUSH) 1볼
대바늘 3.5mm, 대바늘 5mm
*메리야스뜨기 게이지(실: 보젠시, 대바늘 5mm) 17코 23단

사용한 기법
메리야스뜨기, 왼코 줄이기(2코 모아뜨기), 1코 만들기(기본 뜨개법 참조)

만들기

1 브론즈색 실과 대바늘 3.5mm로 시작코 64코를 만든다.

2 메리야스뜨기로 16단(4.5cm) 뜬다.

3 소프트브라운색 실과 대바늘 5mm로 바꾼다.

4 첫 단에서 겉뜨기 2코→(왼코 줄이기→겉뜨기 1코)×20회→겉뜨기 2코 하며 골고루 20코 줄인다. (총 44코)

5 소프트브라운 100단→아이보리 100단→와인 100단→라이트베이지 100단으로 색을 바꾸며 뜬다.

6 400단(174cm) 뜬 후 브론즈색 실과 대바늘 3.5mm로 바꾼다.

7 겉뜨기 3코→(1코 만들기→겉뜨기 2코)×20회→겉뜨기 1코하며 골고루 20코 늘린다. (총 64코)

8 브론즈색 실로 메리야스뜨기 16단(4.5cm) 뜬 후 모든 코를 코막음한다.

64코(+20) — 4.5cm (16단)

메리야스뜨기

174cm (400단)

라이트베이지 100단
와인색 100단
아이보리 100단
소프트브라운 100단

44코(−20)

메리야스뜨기 — 4.5cm (16단) — 브론즈색

25cm(64코)

별 모양 숄

사이즈 156×63cm

준비물

실: 필다르사 필라이트(PHIL LIGHT : 아크릴 29%, 폴리아미드 29%, 울 18%) 그레이(SOURIS) 2볼

대바늘 4.5mm, 마커링

*구멍무늬 게이지(대바늘 4.5mm) 18코 24단

안쪽 가장자리 24단(대바늘 4.5mm)= 8cm

바깥쪽 가장자리 시작단 14코(대바늘 4.5mm)=9cm,

뾰족한 부분 29코=14cm

사용한 기법

가터뜨기, 구멍무늬, 응용무늬

만들기

가운데

1 대바늘 4.5mm로 시작코 9코를 만들고 다음과 같이 구멍무늬를 만든다.

1단: 겉뜨기 1코→바늘비우기→겉뜨기 2코→모티프 1개(=바늘비우기→중심 3코 모아뜨기→바늘비우기→겉뜨기 1코)→겉뜨기 1코→바늘비우기→겉뜨기 1코(총 11코)

2단: 겉뜨기 1코→바늘비우기→안뜨기 9코→바늘비우기→겉뜨기 1코(총 13코)

3단: 겉뜨기 1코→바늘비우기→겉뜨기 2코→모티프 2개(1단 모티프 참고)→겉뜨기 1코→바늘비우기→겉뜨기 1코(총 15코)

4단: 겉뜨기 1코→바늘비우기→안뜨기 13코→바늘비우기→겉뜨기 1코(총 17코)

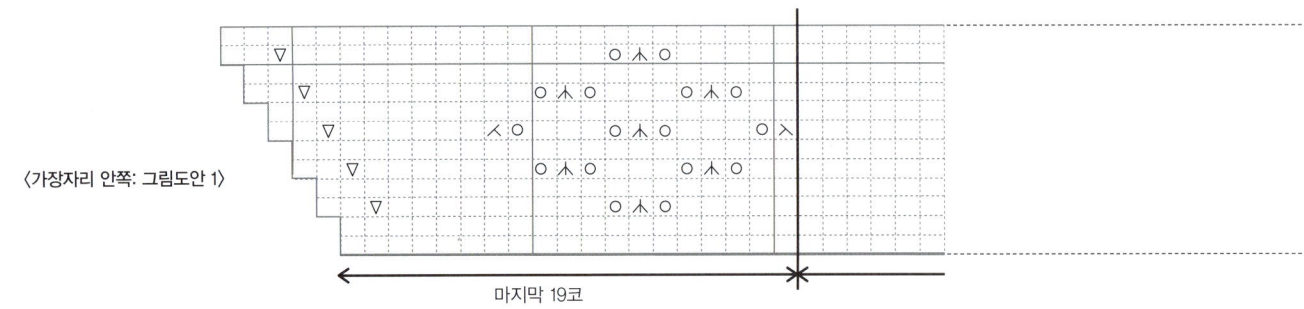

〈가장자리 안쪽: 그림도안 1〉

마지막 19코

2 3~4단을 계속 반복한다. 홀수 단에서는 모티프 개수를 1개씩 늘리고, 짝수 단에서는 양쪽에 2코씩 남기고 1코 만들기 하며 98단(41cm) 뜬다.

3 205코가 되면 모든 코를 느슨하게 코막음한다.

가장자리 안쪽

1 대바늘 4.5mm로 겉면 가운데 한쪽 사선에서 98코 줄기→시작 단에서 7코 줄기→반대쪽 사선에서 98코 줄기를 한다. (총 203코)

2 가터뜨기로 5단 뜬다.

3 첫 번째 단에서는 12코를 골고루 늘리며 〈도안 1〉과 같이 12단을 뜬다. (총 215코)

4 첫 번째 단에서 15코를 골고루 늘리며 가터뜨기로 6단을 뜬다. (총 240코)

5 코막음하지 않고 바늘에 쉼코로 걸어둔다.

6 16코마다 마커링을 하며 〈바깥쪽〉에 모티프 넣을 부분을 미리 표시해둔다.

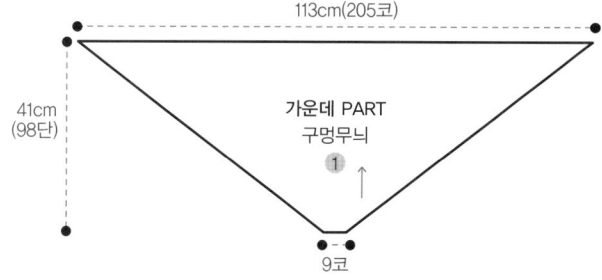

113cm(205코)

41cm
(98단)

가운데 PART
구멍무늬
①

9코

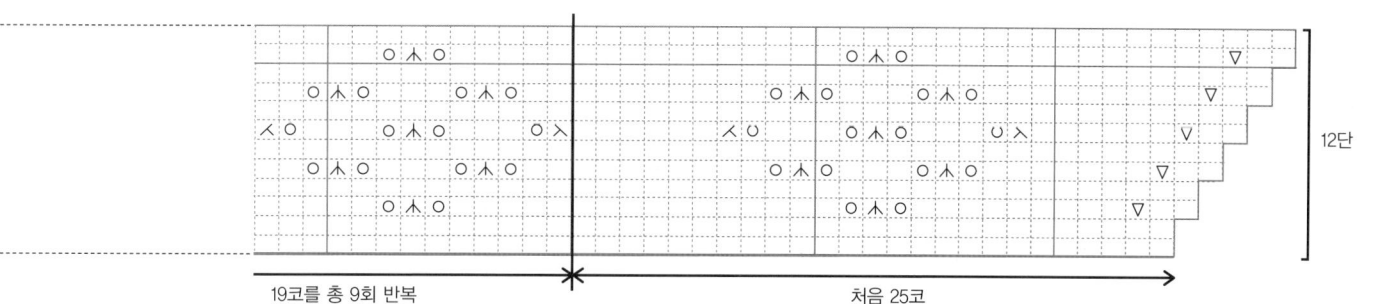

12단

19코를 총 9회 반복

처음 25코

▽ 1코 만들기(왼쪽 바늘을 뒤에서 앞으로 코와 코 사이에 걸린 실에 건다. 오른쪽 바늘로 왼쪽에 걸린 실을 겉뜨기로 꼬아뜬다.)

가장자리 바깥쪽

1 대바늘 4.5mm에 시작코 14코를 만들어 〈도안 2〉 와 같이 뜬다.

2 모든 짝수 단 마지막 코는 〈안쪽〉에서 쉼코로 걸어 두었던 1코와 한 번에 안뜨기한다. 모티프 1개가 32단이므로 〈안쪽〉에서 쉼코로 두었던 16코와 함 께 떠진다.

3 1단: 겉뜨기 5코→바늘비우기→오른코 줄이기→ 겉뜨기1코→바늘비우기→오른코 줄이기→겉뜨기 1코→바늘비우기→겉뜨기 2코 한다.

4 2단: 안뜨기 2코→바늘비우기→안뜨기 1코→오른 코 줄이기→바늘비우기→안뜨기 1코→오른코 줄이 기→바늘비우기→겉뜨기 5코→마지막 1코와 쉼 코를 안뜨기한다.

5 1, 2단과 같이 코를 늘려가며 도안을 참고하여 16 단까지 뜬다.

6 17단: 겉뜨기 4코→바늘비우기→중심 3코 모으 기→바늘비우기→겉뜨기 3코→바늘비우기→중 심 3코 모우기→바늘비우기→겉뜨기 6코.→왼코 줄이기→바늘비우기→겉뜨기 1코→왼코 줄이기 →바늘비우기→겉뜨기 1코 → 왼코 줄이기→바늘 비우기→ 왼코 줄이기→겉뜨기 1코 한다.

7 18단: 안뜨기 1코→왼코 줄이기→바늘비우기→ 왼코 줄이기→겉뜨기 1코 → 바늘비우기→왼코 줄 이기→겉뜨기 1코→바늘비우기→왼코 줄이기→ 안뜨기 16코→마지막 1코와 쉼코를 안뜨기한다.

8 17, 18단과 같이 코를 줄여가며 도안과 기호를 참 고하여 32단까지 뜬다.

9 〈안쪽〉에 더 이상 쉼코가 없을 때까지 모티프 32 단을 계속 반복한 다음(모티프가 총 15개 나온다), 모든 코를 코막음한다.

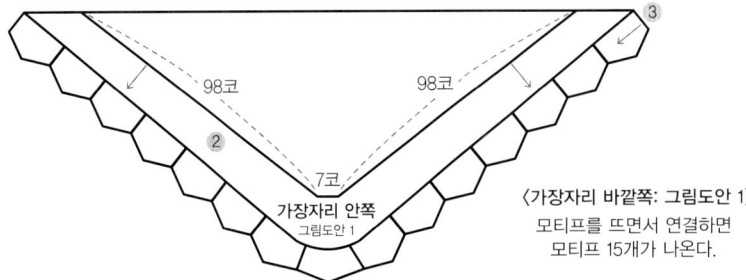

98코   98코

7코

가장자리 안쪽
그림도안 1

〈가장자리 바깥쪽: 그림도안 1〉
모티프를 뜨면서 연결하면
모티프 15개가 나온다.

〈가장자리 바깥쪽: 그림도안 2〉

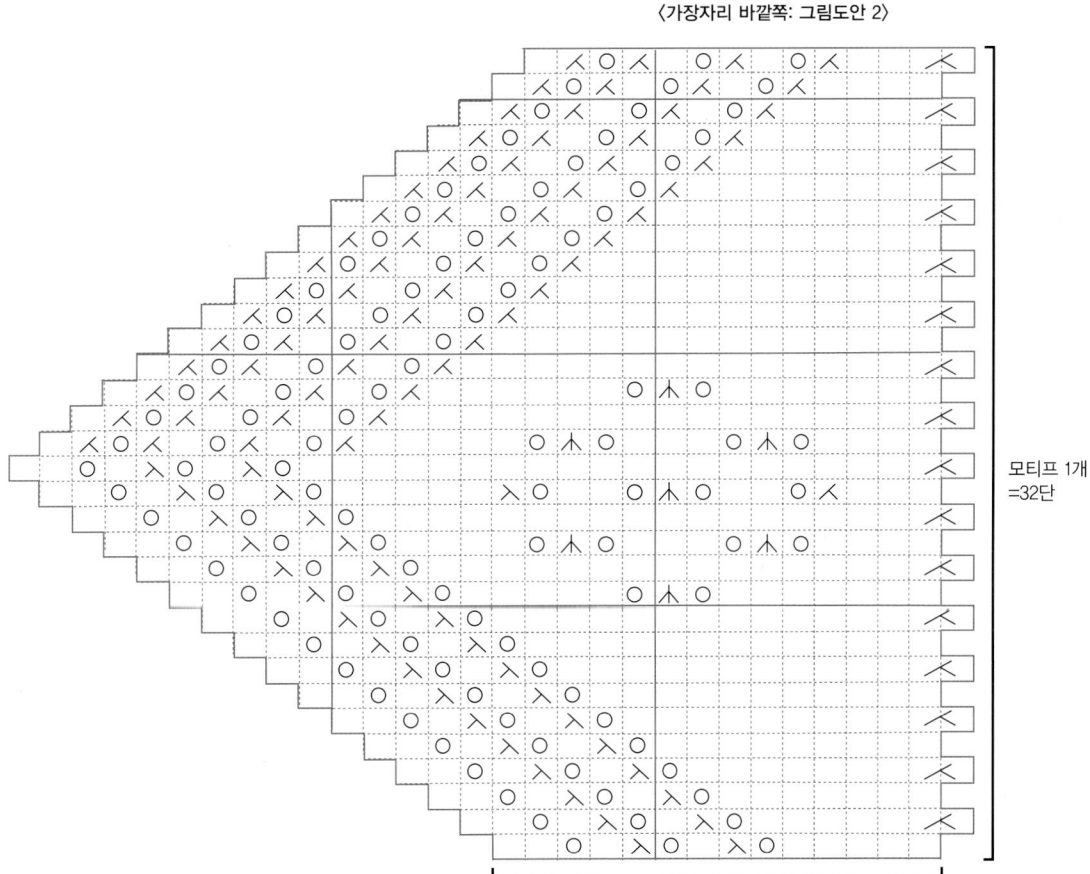

모티프 1개
=32단

시작 14코

꽃무늬 모티프 숄

P40	Level

사이즈 130cm

준비물

실: 필다르사 램스울(아크릴 51%, 울 49%) 베이지(CHANVRE) 4볼, 진회갈색(TAUPE) 2볼, 블루(DENIM) 4볼

필다르사 파트너 3.5(PARTNER 3.5: 나일론 50%, 울 25%, 아크릴 25%) 다크브라운(CHATAIGNE) 5볼

코바늘 5호

*모티프 1개(코바늘 5호)=10.5cm

사용한 기법

사슬뜨기, 빼뜨기, 1길 긴뜨기, 3길 긴뜨기

만들기

1 진회갈색 실과 코바늘 5호로 사슬코 6코를 만들고 첫 코에 빼뜨기해 원형고리를 만든다.

2 아래 도안을 보며 1단은 진회갈색, 2단은 베이지, 3단은 블루, 4단은 다크브라운 색으로 실을 바꾸며 뜬다.

3 1~2와 같은 방법으로 총 91개의 모티프를 만든다.

연결하기

1 모티프를 스팀다리미로 다려 모양을 잡는다.

2 다크브라운색 실과 돗바늘 감침질로 오른쪽 도안을 참고하며 모티프를 연결한다.

〈모티프 도안〉

사슬뜨기 • 빼뜨기

1길 긴뜨기 3길 긴뜨기

1길 긴뜨기 교차뜨기: 1코를 건너뛴다.→
다음 코에 1길 긴뜨기 1코→
건너뛰었던 코 뒤쪽으로 바늘을 넣어 1길 긴뜨기 1코 한다.

보헤미안 망토

| P42 | Level 🧶 🧶 🧶 |

사이즈 75cm

준비물
실: 필다르사 라피도(RAPIDO : 아크릴 25%, 울 25%,
폴리아미드 50%) 브라운(CARAMEL) 7볼
필다르사 테르네브(TERRE NEUVE : 울 100%) 혼합색
(COCKTAIL) 8볼
대바늘 7호, 코바늘 10호, 꽈배기바늘, 마커링
*메리야스뜨기 게이지(실: 라피도, 대바늘 7mm) 11코
16단
메리야스뜨기 게이지(실: 테르네브, 대바늘 7mm) 12
코 17단
응용무늬 게이지(실: 라피도 또는 테르네브, 대바늘
7mm) 13코 18단

사용한 기법
메리야스뜨기, 응용무늬(그림도안 참고)
빼뜨기, 짧은뜨기

만들기
4조각으로 나누어 만든다.

PART 1
라피도 실과 대바늘 7mm로 시작코 51코를 만들어 메
리야스뜨기로 72단(45cm) 뜬 후 코막음한다.

PART 2
테르네브 실과 대바늘 7mm로 시작코 56코를 만들어
메리야스뜨기로 76단(45cm) 뜬 후 코막음한다.

PART 3
라피도 실과 대바늘 7mm로 시작코 59코를 만들어 응

용무늬로(그림도안 참고) 82단(45cm) 뜬 후 코막음한
다.

PART 4
테르네브 실과 대바늘 7mm로 시작코 59코를 만들어
응용무늬로(그림도안 참고) 82단(45cm) 뜬 후 코막음
한다.

연결하기

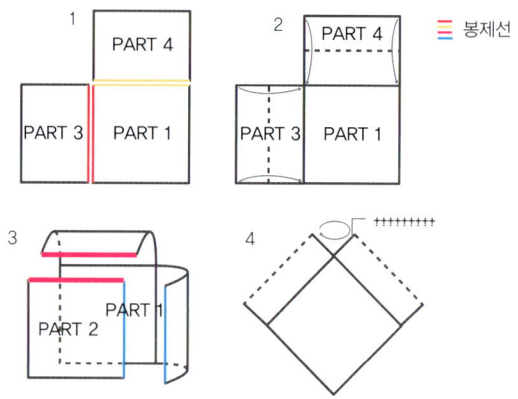

1 PART 1 왼쪽에 PART 3을 놓고, PART 1 위에 PART
 4를 놓은 후 꿰맨다. (〈도식화1〉 참고)

2 PART 3과 PART 4를(안쪽 면끼리 마주 대고) 반으
 로 접는다. (〈도식화2〉 참고)

3 PART 2를 PART 1과 (안쪽 면끼리 마주 대고) 포갠
 후 PART 2를 PART 3과 PART 4에 꿰맨다. (〈도식
 화3〉 참고)

4 라피도 실과 코바늘 10호로 목둘레에 빼뜨기로
 1단→짧은뜨기로 1단 뜬 후 마무리한다.

〈응용무늬〉

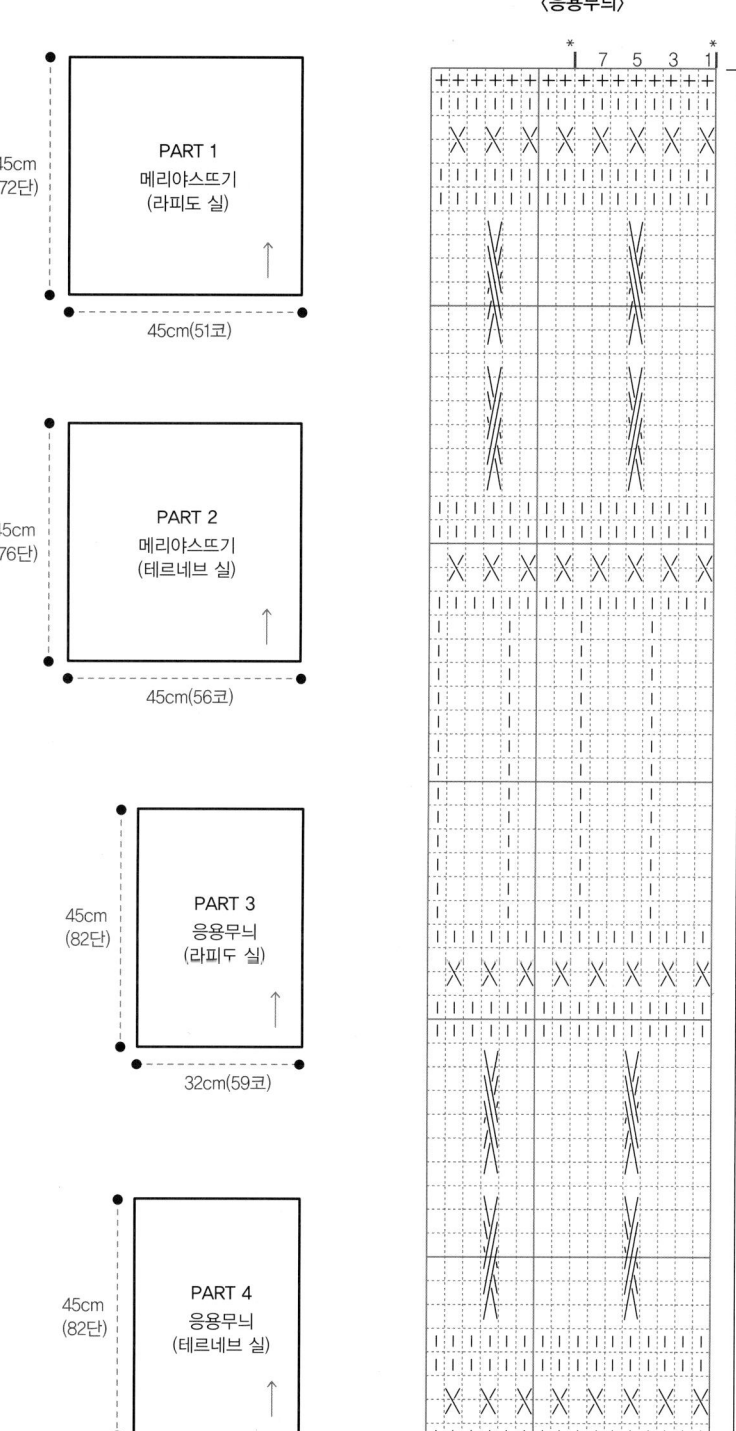

PART 1
메리야스뜨기
(라피도 실)

45cm
(72단)

45cm(51코)

PART 2
메리야스뜨기
(테르네브 실)

45cm
(76단)

45cm(56코)

PART 3
응용무늬
(라피드 실)

45cm
(82단)

32cm(59코)

PART 4
응용무늬
(테르네브 실)

45cm
(82단)

32cm(59코)

59코
8단(*~*)을
반복한다.

왼코 위 3코 교차뜨기: 3코를 꽈배기바늘
에 옮기고 뜨개 조직 뒤쪽에 둔다.→다음
3코를 겉뜨기로 뜬다.→꽈배기바늘에 있
는 3코를 겉뜨기로 뜬다.

왼코 위 1코 교차뜨기: 1코를 꽈배기바늘
에 옮기고 뜨개 조직의 뒤쪽에 둔다.→
다음 1코를 겉뜨기로 뜬다.→꽈배기바늘에
있는 1코를 겉뜨기로 뜬다

오른코 위 3코 교차뜨기: 3코를 꽈배기바
늘에 옮기고 뜨개 조직의 앞쪽에 둔다.→
다음 3코를 겉뜨기로 뜬다.→꽈배기바늘
에 있는 3코를 겉뜨기로 뜬다.

잎사귀 무늬 숄

P44 Level 🧶🧶🧶

사이즈 130×65cm

준비물
실: 필다르사 필라이트(PHIL LIGHT : 아크릴 29%, 폴
리아미드 29%, 울 18%) 로즈그레이(BRUYÈRE) 2볼
필다르사 스트라스 라이트(STRASS LIGHT : 폴리에스
테르 55%, 울 45%) 구리색(CUIVRE) 3볼
대바늘 6mm, 코바늘 7호, 마커링
*응용무늬 게이지(대바늘 6mm) 20단
 18코짜리 나뭇잎무늬 1개(대바늘 6mm) 너비 10cm

사용한 기법
응용무늬(그림도안 참고)
사슬뜨기, 빼뜨기, 짧은뜨기

만들기
삼등분한 후 가운데 아랫단부터 뜬다.
1 필라이트 1올＋스트라스 라이트 1올과 대바늘
  6mm로 시작코 4코를 만들어 〈그림도안 1〉을 보며
  총 32단을 뜬다. (총 70코)

2 〈그림도안 2〉의 16단을 총 5회 반복한다.
  33~48단 : 굵은 칸으로 된 1A와 2A를 1회 반복
  (총 106코)
  49~64단 : 굵은 칸으로 된 1A와 2A를 2회 반복
  (총 142코)
  65~80단 : 굵은 칸으로 된 1A와 2A를 3회 반복
  (총 178코)
  81~96단 : 굵은 칸으로 된 1A와 2A를 4회 반복
  (총 214코)
  97~112단 : 굵은칸으로 된 1A와 2A를 5회 반복
  (총 250코)
3 〈그림도안 3〉의 굵은 칸으로 된 3B와 4B를 총 6번
  반복하여 18단을 뜬다.
4 모든 코를 느슨하게 코막음한다. (총 130단 289코)
5 필라이트 1올＋스트라스 라이트 1올과 코바늘 7호
  로 가장자리를 따라 짧은뜨기 1코→[피코뜨기 1코
  (＝사슬코 3코→첫 코에 빼뜨기 1코)→짧은뜨기 6
  코]×계속 반복→피코뜨기 1코→짧은뜨기 1코 뜬
  다.

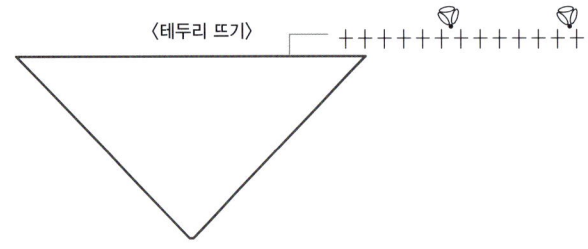

〈테두리 뜨기〉

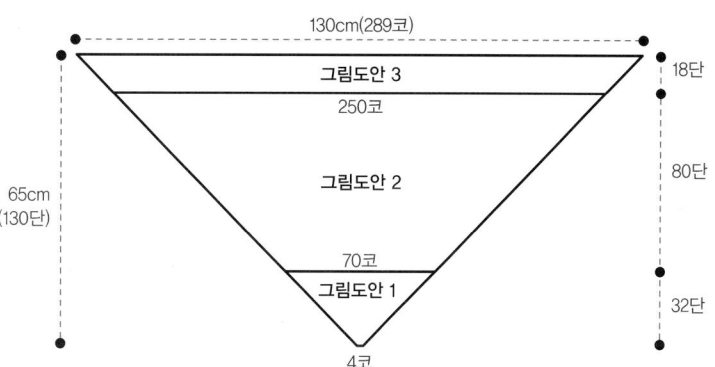

130cm(289코)

그림도안 3

250코

그림도안 2

18단

80단

65cm
(130단)

70코

그림도안 1

4코

32단

〈그림도안 1〉

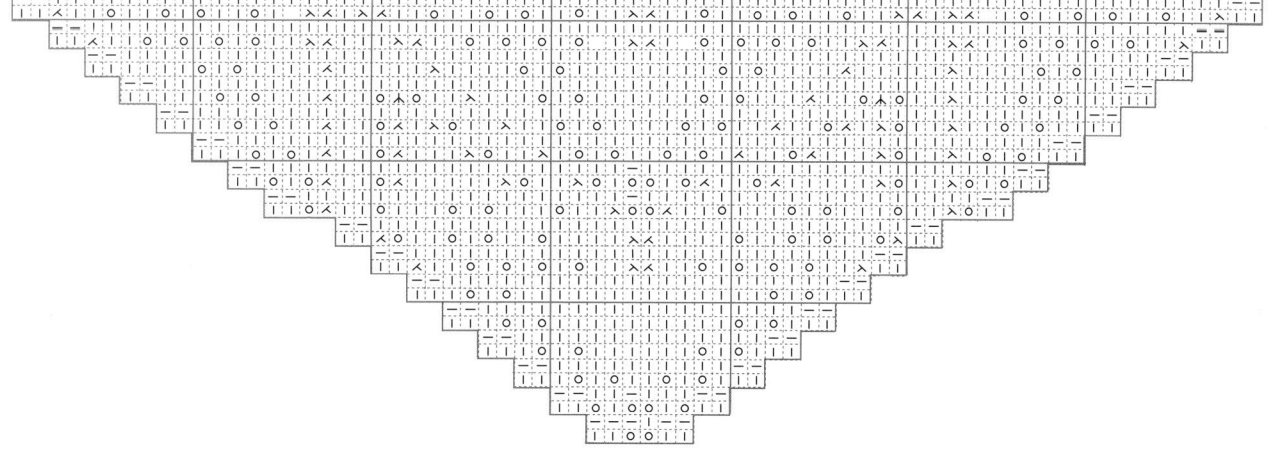

〈그림도안 2〉

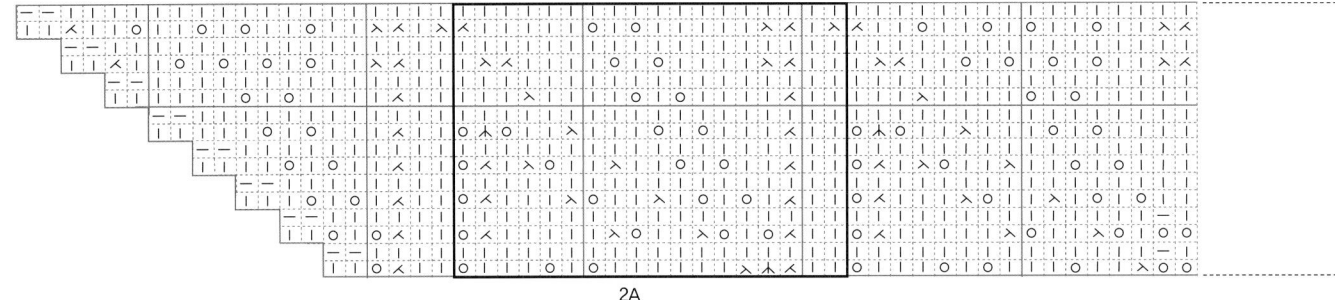

2A

〈그림도안 3〉

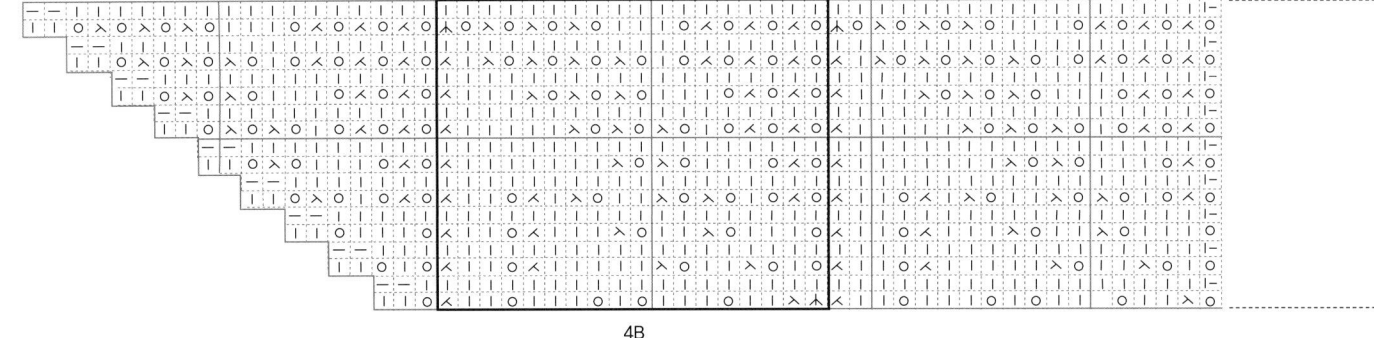

4B

|I−| 1코 늘리기: 1코에 바늘을 넣어 겉뜨기 1코→안뜨기 1코 뜬다.(1코→2코)

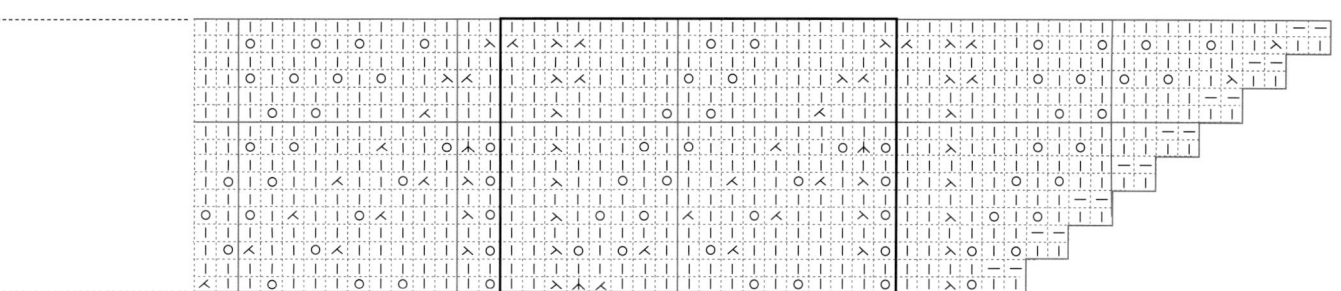

1A

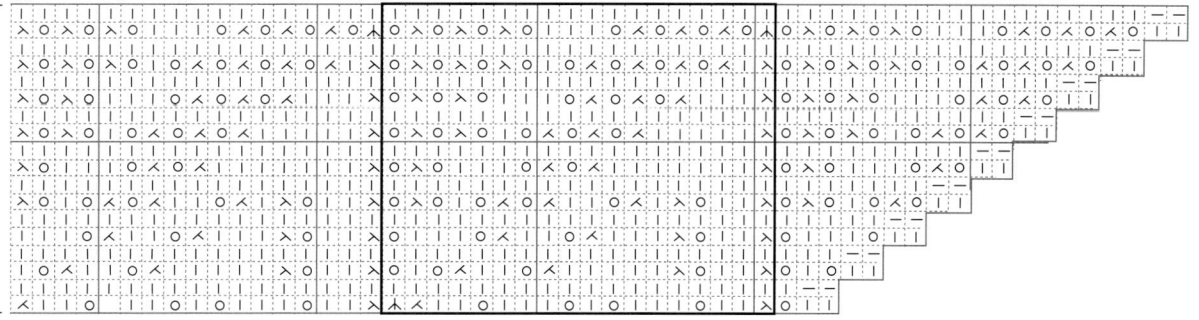

3B

다이아몬드 패턴 숄

P45 | Level 🧶 🧶

사이즈 39×195cm

준비물
실: 필다르사 필소프트(PHIL SOFT : 울 63%, 알파카 27%, 폴리아미드 10%) 블랙(NOIR) 8볼, 아이보리(ÉCRU) 9볼
코바늘 7호
*정사각형 모티프 1개 게이지(코바늘 7호)
 9.5cm×9.5cm

사용한 기법
사슬뜨기, 빼뜨기, 1길 긴뜨기

만들기
1 아이보리색 실과 코바늘 7호로 사슬코 4코를 만든다.
2 첫 코를 빼뜨기해 원형고리를 만든다. 〈정사각형 모티프〉 도안을 보며 1단은 아이보리색, 2단은 블랙, 3단은 아이보리, 4단은 아이보리, 5단은 블랙 실로 원형으로 돌려뜨며 모티프 72개를 만든다.
3 아이보리색 실과 코바늘 7호로 사슬코 4코를 만든다.
4 첫 코를 빼뜨기해 원형고리를 만든다. 〈삼각형 모티프〉 도안을 보며 1단은 아이보리, 2단은 블랙, 3단과 4단은 아이보리, 5단은 블랙 실로 평뜨기해 모티프 36개를 만든다.

연결하기

◇ = 정사각형 72개

△ = 삼각형 36개

1 정사각형, 삼각형 모티프를 돗바늘 감침질로 꿰맨다.

〈정사각형〉

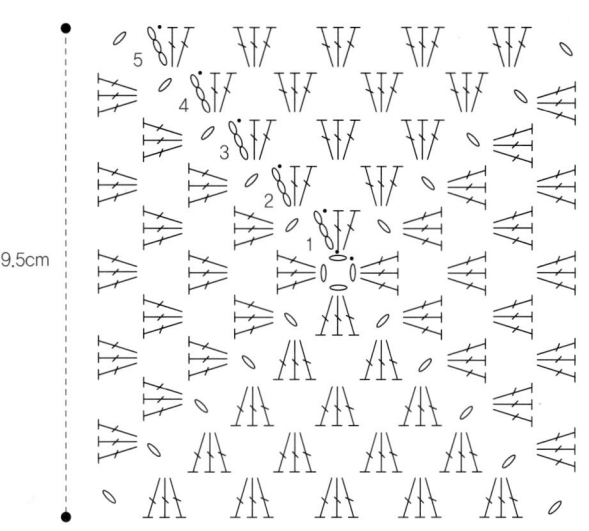

9.5cm

◯ 사슬뜨기

• 빼뜨기

┼ 1길 긴뜨기

〈삼각형〉

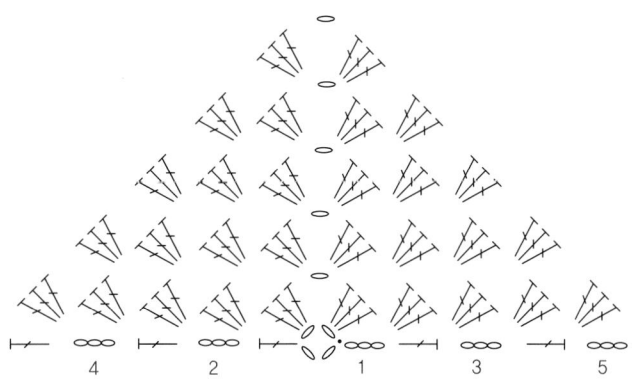

4   2   1   3   5

자카드 패턴 숄

P46 | Level 🧶 🧶

사이즈 130cm

준비물

실: 필다르사 필올슨(PHIL OURSON : 아크릴 88%, 폴리아미드/나일론 12%) 다크브라운(Chataîgne) 4볼
필다르사 키에튜드(QUIÉTUDE : 코튼 75%, 라오셀 25%) 다크브라운(ECUREUIL) 2볼
대바늘 4.5mm(콧수가 많으므로 원형바늘을 사용), 마커링, 실패
*자카드무늬 게이지(대바늘 4.5mm) 18코 26단

사용한 기법

자카드 무늬

만들기

1 필올슨 실과 대바늘 4.5mm로 시작코 290코를 만든다.

2 도안을 보며 양쪽 끝에서 (1단마다 1코씩 12번 줄이기→2단마다 1코씩 1번 줄이기)×10번→1단마다 1코씩 14번 줄이면서 뜬다.
겉면 : 양쪽 2코씩을 한꺼번에 겉뜨기로 뜨기
안쪽 : 한꺼번에 안뜨기로 뜨기
배색 부분도 키에튜드 실을 사용한다.

3 156단(60cm)까지 뜬 후 남은 2코를 코막음한다.

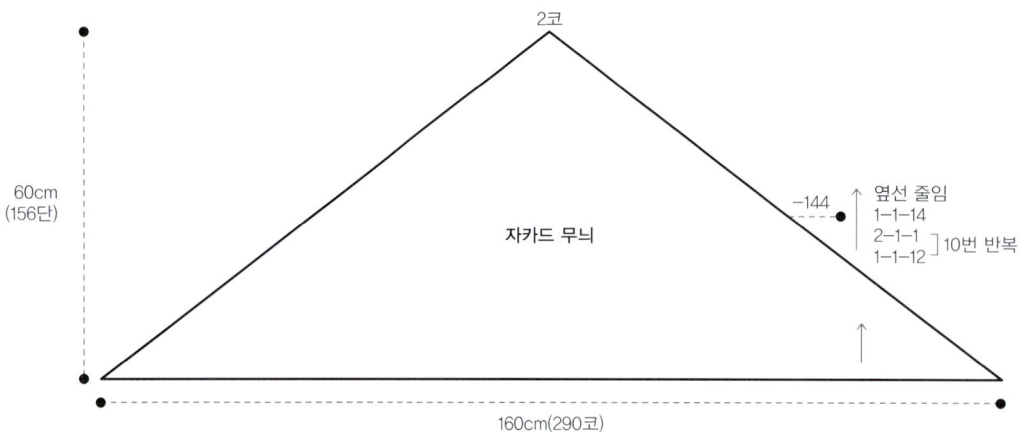

자카드 무늬

2코

60cm
(156단)

160cm(290코)

−144

옆선 줄임
1−1−14
2−1−1 10번 반복
1−1−12

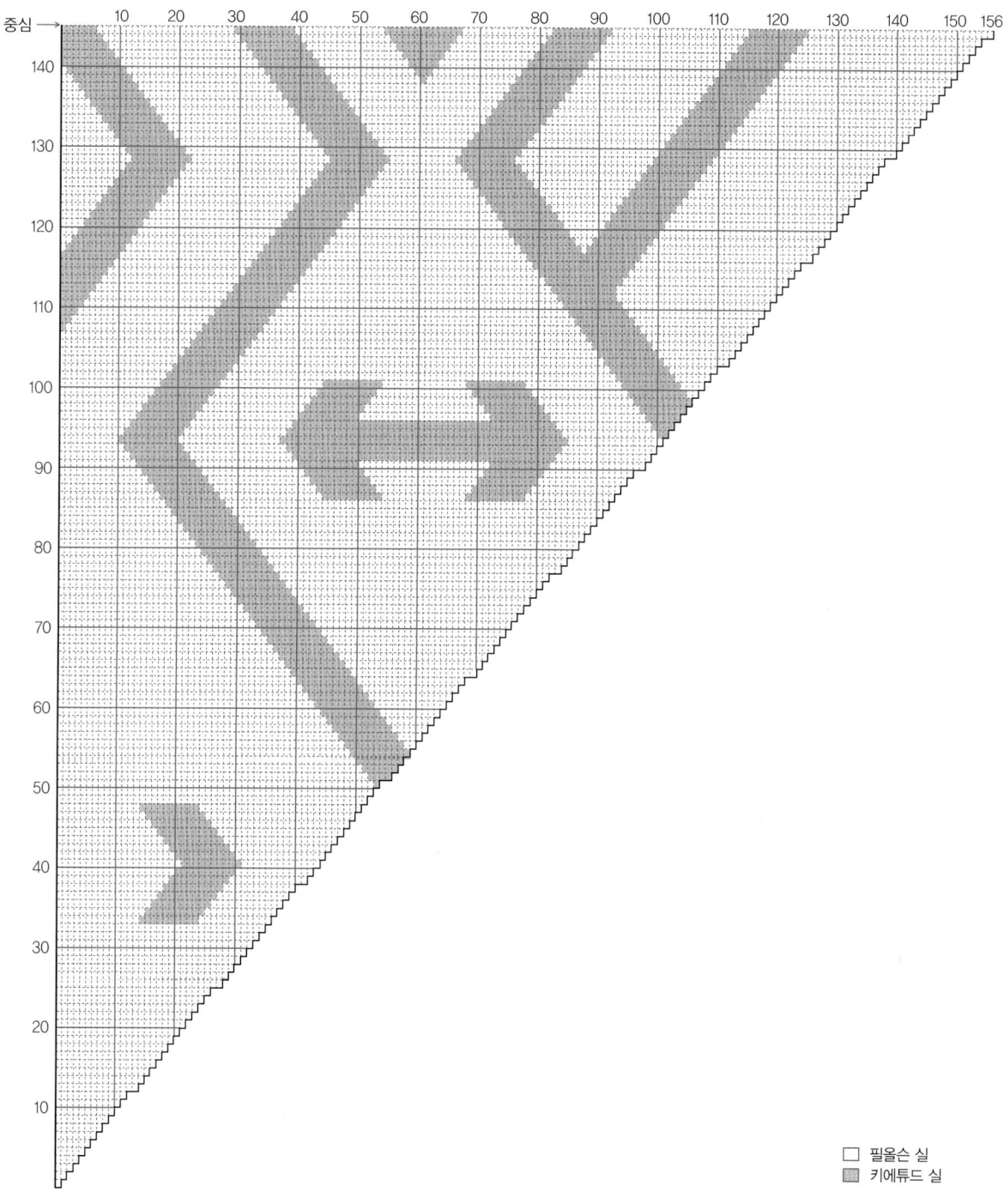

중심 →

□ 필올슨 실
▨ 키에튜드 실

버튼 장식 모자

| P49 | Level 🧶 🧶 |

사이즈 46×23cm(8세)

준비물

실: 필다르사 네뷰르스(NEBULEUSE : 울 41%, 아크릴 41%, 폴리아미드/나일론 18%) 다크블루(JEANS) 2볼 대바늘 4mm, 대바늘 7mm, 단추(지름 25mm) 2개
*메리야스뜨기 게이지(대바늘 7mm) 12코 17단

사용한 기법

1코 1단 멍석뜨기, 메리야스뜨기, 왼코 줄이기(2코 모 아뜨기), 오른코 줄이기

만들기

1 대바늘 4mm로 시작코 73코 만든 후 실을 자른다.
2 양쪽 33코를 새로운 대바늘에 걸어둔다.

3 가운데 7코 양쪽 바늘에 걸린 코 2단마다 2코씩 4번→2단마다 1코씩 2번→2단마다 4코씩 2번→2단마다 15코씩 1번 연결하며 멍석뜨기한다.
4 18단 73코가 된다. 19단부터 모든 코로 1코 1단씩 8단 멍석뜨기한다.
5 다음 단(27단)에서 대바늘 7mm로 바꾼 후 메리야스뜨기로 16단 뜬다.
6 다음 단(42단)에서 겉뜨기 3코→(왼코 줄이기→겉뜨기 9코)×6회→왼코 줄이기→겉뜨기 2코 하며 (총 66코) 46단까지 뜬다.
7 47~50단: 겉뜨기 2코→(오른코 줄이기→겉뜨기 8코)×6회→오른코 줄이기→겉뜨기 2코 떠 7코 줄인다. (총 59코)
8 51~52단: 겉뜨기 2코→(왼코 줄이기→겉뜨기 7코)×6회→왼코 줄이기→겉뜨기 1코 떠 7코 줄인다. (총 52코)

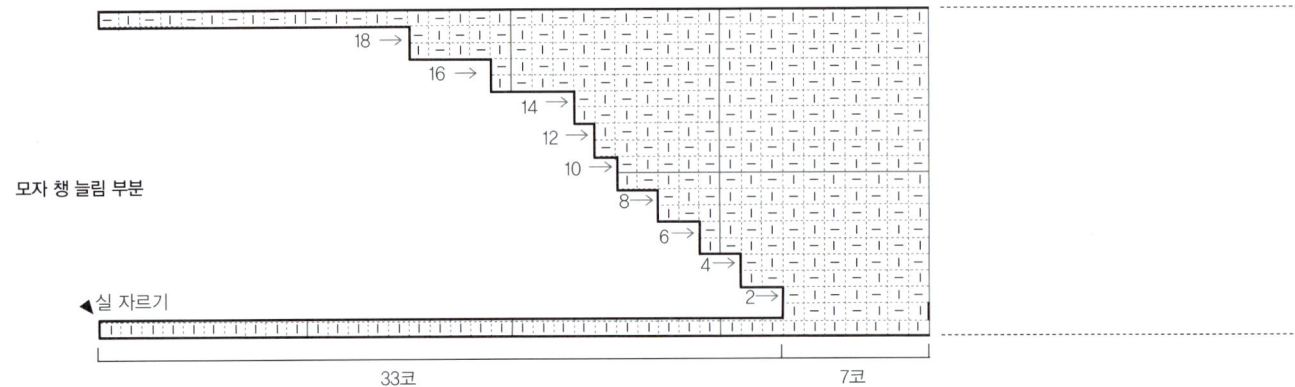

모자 챙 늘림 부분

실 자르기

33코　　　7코

126

9 53~54단: 겉뜨기 1코→(오른코 줄이기→겉뜨기 6
코)×6회→오른코 줄이기→겉뜨기 1코 떠 7코 줄
인다. (총 45코)

10 55~56단: 겉뜨기 1코→(왼코 줄이기→겉뜨기 5
코)×6회→왼코 줄이기 해 7코 줄인다. (총 38코)

11 57~58단: 겉뜨기 3코→(오른코 줄이기→겉뜨기
4코)×5회→오른코 줄이기→겉뜨기 3코 떠 6코
줄인다. (총 32코)

12 59단: 겉뜨기 1코→(왼코 줄이기)×15회→겉뜨기
1코 한다. (총 17코)

13 겉뜨기로 1단 뜬 후 실을 자르고 돗바늘에 끼운다.
남은 코 사이로 통과시켜 단단히 잡아당긴다.

덧단

1 대바늘 4mm로 시작코 35코를 만든다.

2 1코 1단 멍석뜨기로 7단 뜬 후 모든 코를
코막음한다.

연결하기

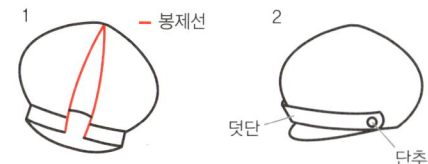

1 옆선을 꿰맨다.

2 앞면 챙 위에 덧단를 놓고, 덧단 양쪽 끝에 단추를
꿰매어 모사에 고정한다.

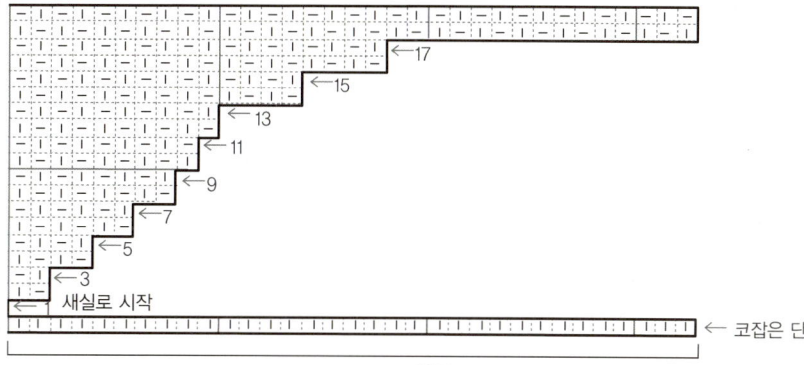

새실로 시작

←3

←5

←7

←9

←11

←13

←15

←17

← 코잡은 단

33코

동화 속 후드 목도리

| P50 | Level 🧶🧶 |

사이즈 6세(키 114cm)

준비물

실: 필다르사 파트너 6(PARTNER 6 : 나일론 50%, 울 25%, 아크릴 25%) 레드(ROUGE) 5볼

필다르사 네주(NEIGE : 폴리아미드 100%) 루비(RUBIS) 1볼

대바늘 6mm, 대바늘 6.5mm

*가터뜨기 게이지(실: 파트너 6, 대바늘 6.5mm) 14코 19단

메리야스뜨기 게이지(실 : 네주, 대바늘 6mm) 11코 18단

사용한 기법

가터뜨기, 메리야스뜨기

만들기

목도리

1 파트너 6 실과 대바늘 6.5mm로 시작코 23코를 만든다.

2 140cm(평평하게 두었을 때의 길이)가 될 때까지 가터뜨기로 뜬 후 모든 코를 느슨하게 코막음한다.

후드

PART 1

1 네주실과 대바늘 6mm로 시작코 68코를 만든다.

2 메리야스뜨기로 뜬 후 높이 12cm가 되면 모든 코를 느슨하게 코막음한다.

PART 2

1 파트너 6 실과 대바늘 6.5mm로 시작코 23코를 만든다.

2 왼쪽으로 8단마다 1코씩 4번 늘리기→6단마다 1코씩 3번 늘리며 가터뜨기로 이어뜬다. 50단 30코가 된다.

3 56단(30cm)까지 늘림없이 가터뜨기한 왼쪽으로 6단마다 1코씩 3번 줄이기→8단마다 1코씩 4번 줄이며 가터뜨기로 이어뜬다. 106단 23코가 된다.

4 114단(60cm)까지 줄임없이 이어뜬 후 모든 코를 느슨하게 코막음한다.

연결하기

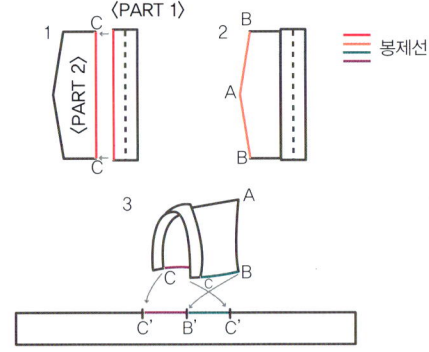

봉제선

1 후드 〈PART 1〉을 〈PART 2〉의 C에 맞춰 꿰맨 후 반으로 접는다.

2 후드 A∼B를 꿰맨다.

3 후드 C∼B∼C를 목도리 중앙(C'∼B'∼C')에 꿰맨다.

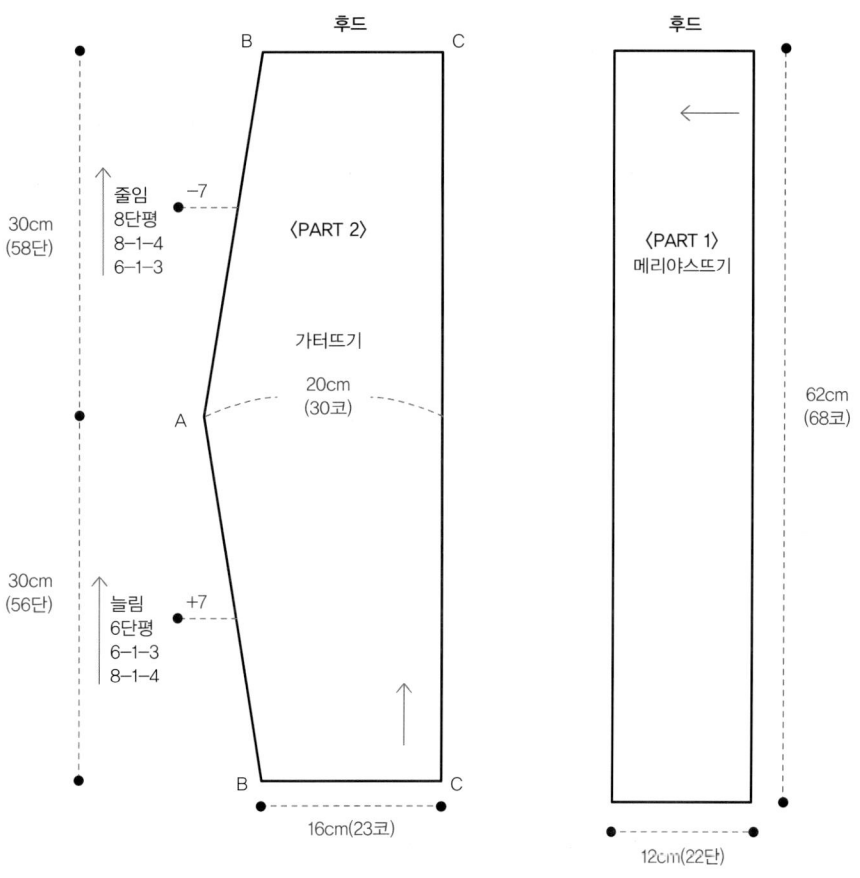

후드

B　　　　　　C

〈PART 2〉

줄임
8단평
8-1-4
6-1-3

−7

30cm
(58단)

가터뜨기

A

20cm
(30코)

늘림
6단평
6-1-3
8-1-4

+7

30cm
(56단)

B　　　　　　C

16cm(23코)

후드

〈PART 1〉
메리야스뜨기

62cm
(68코)

12cm(22단)

목도리

140cm(266단)

16.5cm
(23코)

가터뜨기

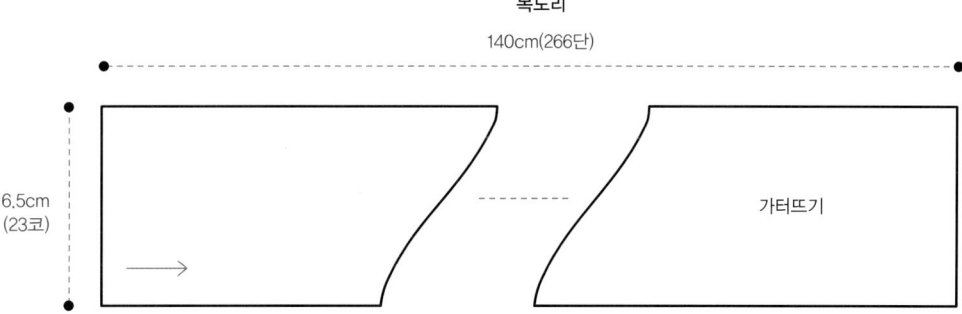

129

코믹 페이스 모자

P51 Level 🧶 🧶

사이즈 8세(둘레 46cm, 높이 26cm)

준비물
실: 필다르사 라피도(RAPIDO : 아크릴 25%, 울 25%, 폴리아미드 50%) 베이지그레이(CHANVRE) 2볼, 다크 그레이(SOURIS) 1볼, 브라운(CARAMEL) 1볼
필다르사 네브류스(NEBULEUSE : 울 41%, 아크릴 41%, 폴리아미드/나일론 18%) 스칼렛(BLUSH) 조금
필다르사 일리아드(ILIADE: 아크릴 70%, 울 30%) 블랙(NOIR) 조금
대바늘 6mm, 대바늘 7mm, 코바늘 10호
*메리야스 게이지(실: 라피도, 대바늘 7mm) 11코 16단

사용한 기법
1코/1단 고무단, 메리야스뜨기, 오른코 줄이기, 왼코 줄이기(2코 모아뜨기), 사슬뜨기, 빼뜨기, 짧은뜨기, 짧은뜨기 2코 모아뜨기, 짧은뜨기 1코 늘려뜨기

만들기
1 다크그레이색 실과 대바늘 6mm로 시작코 52코를 만든 후 1코/1코 고무단으로 12단(6cm) 뜬다.
2 다음 단에서 대바늘 7mm로 바꾼다.
3 메리야스뜨기로 2단 뜬다.
4 다음 단에서 베이지그레이색 실로 바꾸고 메리야스뜨기로 34단(21cm)까지 이어뜬다.
5 35단: (겉뜨기 3코→왼코 줄이기)×10회→겉뜨기 2코 뜬다.(남은 코=42코)
6 36단: 메리야스뜨기한다.
7 37단: 겉뜨기 4코→(오른코 줄이기→겉뜨기 2코)×8회→오른코 모아뜨기→겉뜨기 4코 뜬다. (남은 코=33코)
8 38단: 메리야스뜨기한다.
9 39단: (겉뜨기 2코→왼코 줄이기→겉뜨기 1코→왼코 줄이기)×4회→겉뜨기 2코→왼코 줄이기→겉뜨기 1코 뜬다. (남은 코=24코)
10 40단: 메리야스뜨기한다.
11 41단: 왼코 줄이기×12회 한다. (남은 코=12코)
12 42단: 메리야스뜨기한다.
13 43단: 왼코 줄이기×6회 한다. (남은 코=6코)
14 실을 자르고 돗바늘에 끼운다. 남은 6코 사이로 통과시켜며 단단히 잡아당겨 구멍을 막는다.

귀뜨기

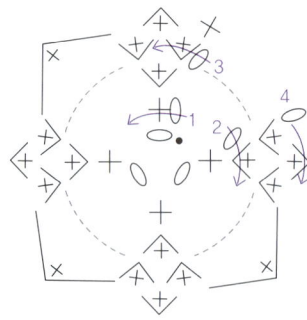

130

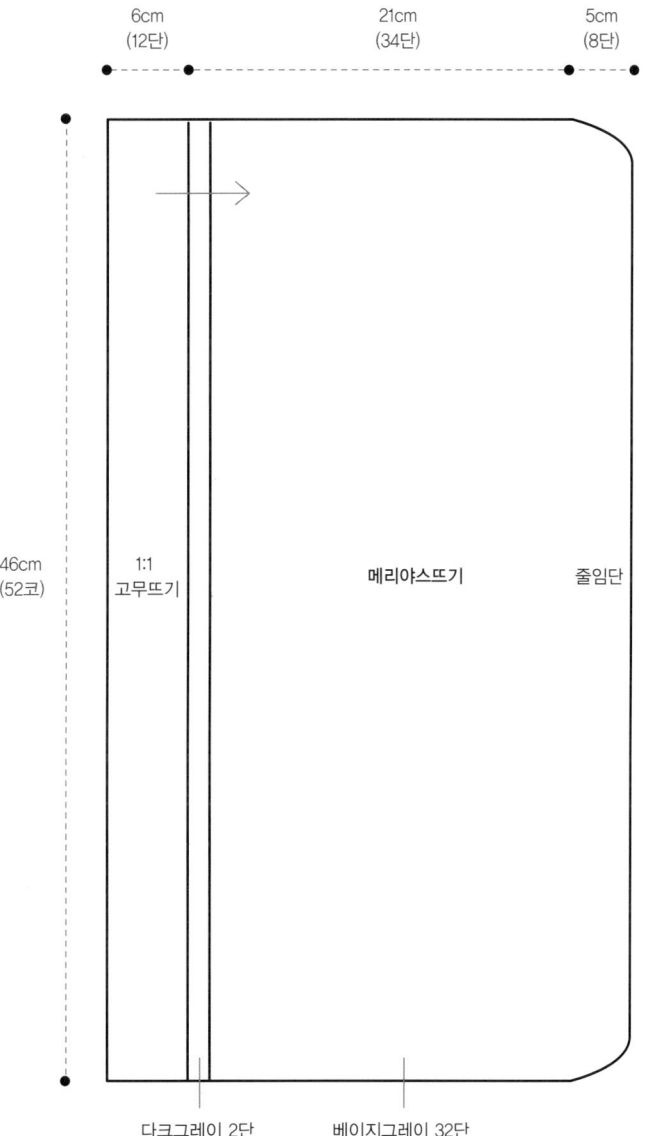

6cm
(12단)

21cm
(34단)

5cm
(8단)

46cm
(52코)

1:1
고무뜨기

메리야스뜨기

줄임단

다크그레이 2단

베이지그레이 32단

연결하기

1

2, 3, 4

■ 봉제선

5

지름 20cm 방울

1 옆선을 꿰맨다.
2 다크그레이 실을 뜬 부분에서 7cm 올라온 지점에 코랄핑크색 실로 플랫 스티치를 수놓아 코를 만들고, 블랙 실로 수놓아 눈을 만든다.
3 코바늘 10호와 베이지그레이색 실로 귀 2장을 만든다.
  : 사슬뜨기 3코를 만들고, 첫 코를 빼뜨기해 원형 고리를 만든다. 매 단마다 편물을 뒤로 돌려가며 평뜨기한다.
  1단: 사슬뜨기(기둥코 ○) 1코→원형고리에 코바늘 넣어 짧은뜨기 4코
  2단: 사슬뜨기(기둥코 ○) 1코→(짧은뜨기 1코 늘려 뜨기)×4회
  3단: 사슬뜨기(기둥코 ○) 1코→(짧은뜨기 1코 늘려 뜨기)×8회

4단: 사슬뜨기(기둥코 ×) 1코→(짧은뜨기 2코 모 아뜨기)×7회→짧은뜨기 1코
4 양쪽에 귀를 달아준다.
5 브라운색 실로 지름 20cm짜리 방울을 만들어 위에 달아준다.

〈플랫 스티치〉

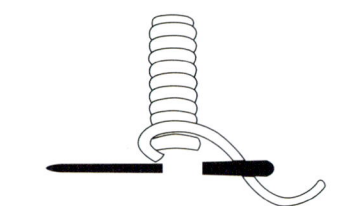

1 수놓을 모티프 왼쪽 윗부분으로 바늘을 뺀다.
2 모티프 오른쪽에 수평으로 바늘을 넣는다.
3 왼쪽 시작점 바로 아래 방향으로 바늘을 빼고 같은 방법으로 반복한다.

〈눈과 코를 위한 플랫 스티치 자수도안〉

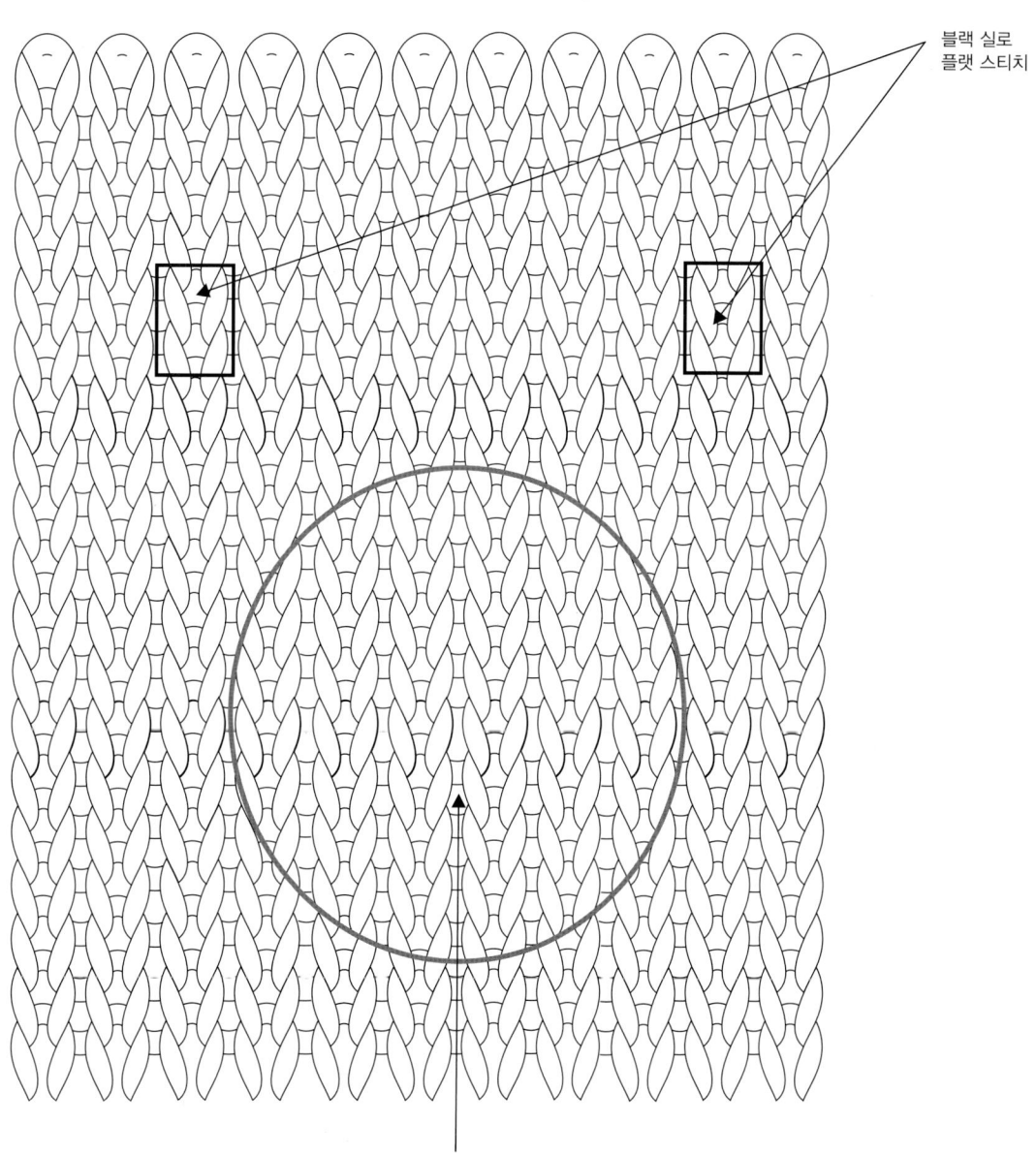

블랙 실로
플랫 스티치

코랄핑크색 실로 플랫 스티치

보닛 모자

P52　Level 🧶 🧶

사이즈 6세(머리둘레 51cm)

준비물

실: 필다르사 메리노 알파카(MERINO ALPAGA: 울 70%, 알파카 30%) 라이트민트(CELADON) 4볼
대바늘 3.5mm, 대바늘 4mm, 마커링
*1코 2단 멍석뜨기 게이지(대바늘 4mm) 26코 34단
가터뜨기 게이지(대바늘 3.5mm) 44단(위로 살짝 당겨 잰다)

사용한 기법

1코/1코 고무단, 가터뜨기, 1코 2단 멍석뜨기, 응용가터뜨기

만들기

뒤통수

1 대바늘 3.5mm로 시작코 17코를 만든 후 1코/1코 고무단으로 6단(2cm) 뜬다. 고무단 시작과 끝은 안뜨기 2코씩으로 한다.

2 다음 단부터 대바늘 4mm로 바꾼다.

3 첫 코를 안뜨기 1코로 시작해 1코 2단 멍석뜨기한다. 양쪽에서 2단마다 1코씩 6번 늘리기→4단마다 1코씩 4번 늘린다. 34단 37코가 된다.

4 전체 높이 42단(12.5cm)이 되면 43단에서 양쪽으로 1코씩 줄이기→2단마다 1코씩 2번 줄이기→2단마다 2코씩 2번 줄이기→2단마다 3코씩 1번 줄인다. 52단 17코가 된다.

5 54단(16cm)까지 메리야스뜨기한 후 남은 17코를 모두 코막음한다.

윗면과 옆면

1 대바늘 3.5mm로 시작코 31코를 만든 후 1코/1코 고무단으로 6단(2cm) 뜬다. 고무단 시작과 끝은 겉뜨기 2코씩으로 한다.

2 다음 단부터 대바늘 4mm로 바꾼다.

3 1코 2단 멍석뜨기로 이어뜬다.

4 전체 높이 140단(41.5cm)이 되면 바늘을 3.5mm로 바꾸어 1코/1코 고무단으로 6단(2cm) 뜬 후 모든 코를 코막음한다.

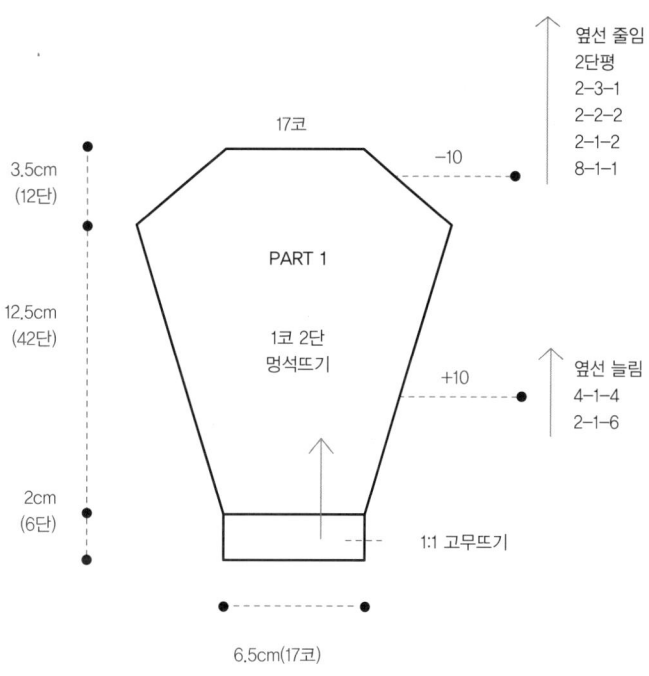

옆선 줄임
2단평
2-3-1
2-2-2
2-1-2
8-1-1

17코

3.5cm
(12단)

-10

PART 1

12.5cm
(42단)

1코 2단
멍석뜨기

+10

옆선 늘림
4-1-4
2-1-6

2cm
(6단)

1:1 고무뜨기

6.5cm(17코)

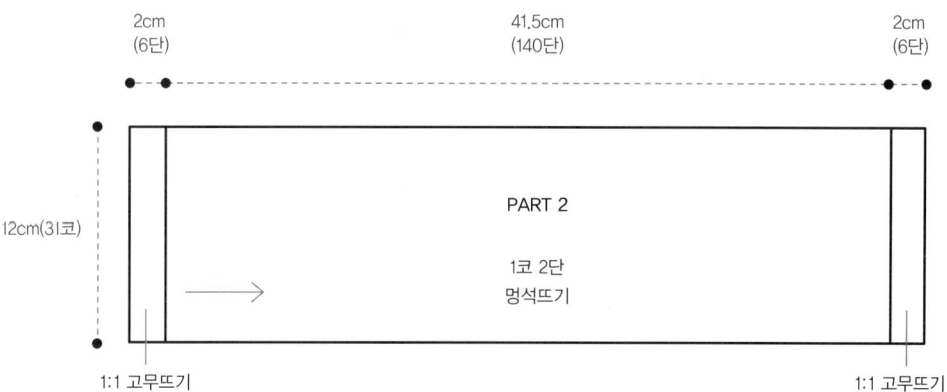

2cm
(6단)

41.5cm
(140단)

2cm
(6단)

12cm(31코)

PART 2

1코 2단
멍석뜨기

1:1 고무뜨기

1:1 고무뜨기

밴드

1 대바늘 3.5mm로 시작코 9코를 만든 후 가터뜨기로 168단(38cm) 뜬다.

2 오른쪽 가장자리 코에 마커링을 끼우고(모자 가장자리와 봉제되는 부분의 시작점), 왼쪽에서 10코 늘린다. (총 19코)

3 190단(43cm)까지 증감없이 가터뜨기한다.

4 오른쪽 가장자리 코에 마커링을 끼우고(모자 가장자리와 봉제되는 부분의 끝점), 왼쪽에서 10코 줄인다. (총 9코)

5 168단(38cm) 동안 증감없이 가터뜨기한 후 모든 코를 코막음한다.

연결하기

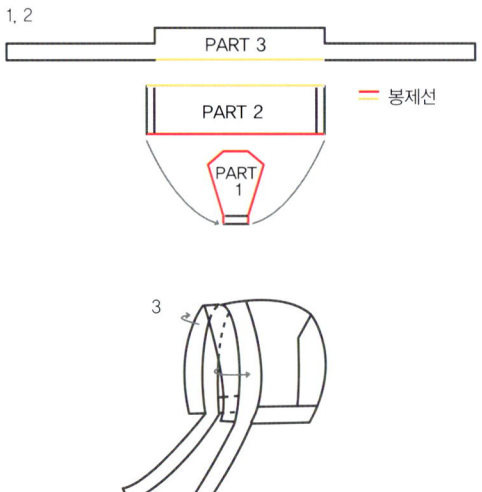

1 뒤통수 둘레에 앞면과 옆면 편물을 꿰맨다.

2 밴드 마커링을 앞면과 옆면 양쪽 끝에 맞추어 꿰맨다.

3 밴드 10코 늘린 부분을 바깥쪽으로 접어서 모퉁이를 감침질한다.

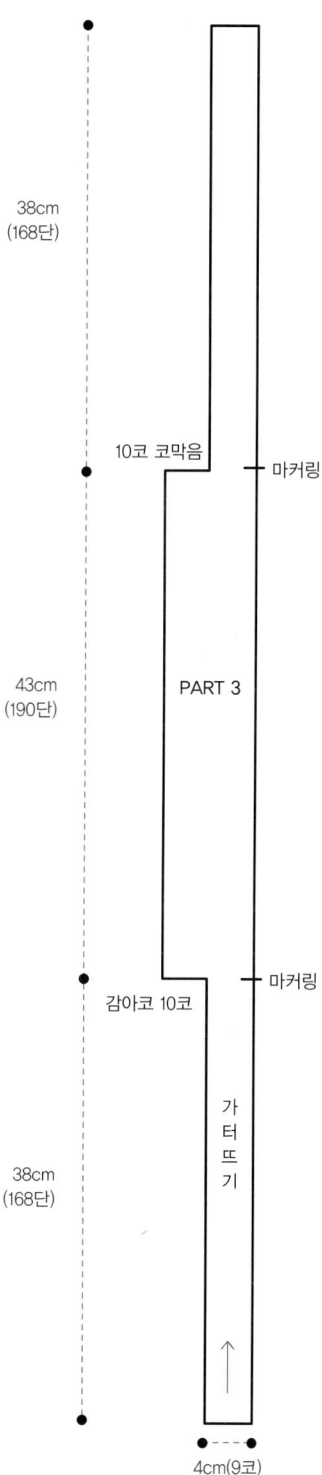

38cm
(168단)

10코 코막음 ─── 마커링

43cm
(190단)

PART 3

감아코 10코 ─── 마커링

38cm
(168단)

가
터
뜨
기

↑

4cm(9코)

공룡 모자

P53 | Level

사이즈 6세(머리둘레 51cm)

준비물

실: 필다르사 파트너 3.5(PARTNER 3.5 : 나일론 50%, 울 25%, 아크릴 25%) 카키(ARMY) 2볼
대바늘 3mm, 마커링, 단추(지름 12mm) 2개
*메리야스뜨기 게이지(대바늘 3mm) 25코 33단(추천 게이지보다 촘촘하게 뜬다)

사용한 기법

2코/2코 고무단, 메리야스뜨기, 오른코 줄이기, 왼코 줄이기(2코 모아뜨기), 중심 3코 모아뜨기

만들기

목둘레 밴드

1 대바늘 3mm로 시작코 88코를 만든다.

2 2코/2코 고무단으로 14단(3.5cm) 뜬다.

3 고무단 시작과 끝은 겉뜨기 3코씩으로 한다.

4 모든 코를 코막음한다.

공룡 돌기

1 대바늘 3mm로 시작코 63코를 만들어 메리야스뜨기한다.

2 5단부터 첫 9코(나머지 코들은 쉼코로 걸어둔다)를 줄이며 다음과 같이 돌기 7개를 만든 후 코막음한다.

5단: 겉뜨기 9코

6단: 안뜨기 9코

7단: 겉뜨기 1코→왼코 줄이기→겉뜨기 3코→오른코 줄이기→겉뜨기 1코

8단: 안뜨기 7코

9단: 겉뜨기 1코→왼코 줄이기→겉뜨기 1코→오른코 줄이기→겉뜨기 1코

10단: 안뜨기 5코

11단: 겉뜨기 1코→중심 3코 모아뜨기→겉뜨기 1코

12단: 안뜨기 3코

13단: 중심 3코 모아뜨기

3 5단~13단을 6번 반복하여 총 7개의 돌기를 완성한다.

4 같은 방법으로 1장 더 뜬다.

중심 3코 모아뜨기

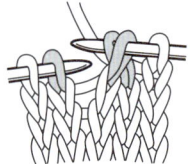

1 오른쪽 바늘에 2코를 그림과 같이 옮긴다.

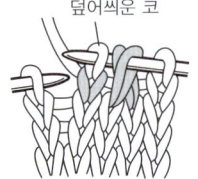

덮어씌운 코

2 3번째 코를 겉뜨기로 뜬 후 옮겨놓은 2코를 덮어씌운다.

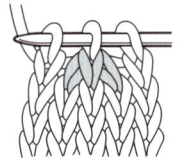

3 완성된 모습.

목둘레 밴드

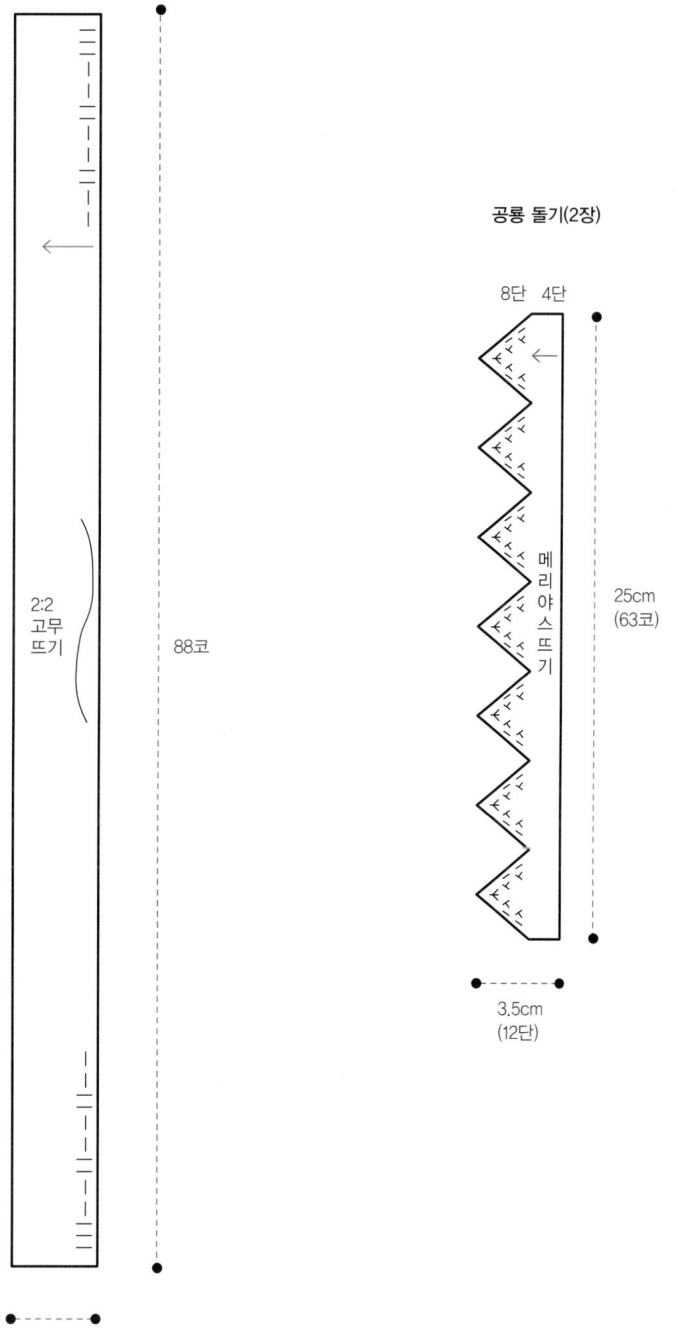

←

2:2
고무
뜨기

88코

3.5cm
(14단)

공룡 돌기(2장)

8단 4단

←

메
리
야
스
뜨
기

25cm
(63코)

3.5cm
(12단)

모자

1 대바늘 3mm로 시작코 112코를 만든 후 2코/2코 고무단으로 12단(3cm) 뜬다. 고무단 시작과 끝은 겉뜨기 3코씩으로 한다.

2 다음 단부터 대바늘 3mm로 바꾼다.

3 첫 단에서 2코 줄이고(총 110코) 메리야스뜨기로 이어뜬다.

4 26단(8cm)까지 뜬 후 27단부터 양쪽에서 2단마다 5코씩 8번 줄인다. 42단 30코가 된다.

5 43단부터 양쪽에서 14단마다 1코씩 3번 줄여 뒤통수를 만든다. 84단 24코가 된다.

6 96단(29cm)까지 이어뜬 후 남은 24코를 모두 코막음한다.

연결하기

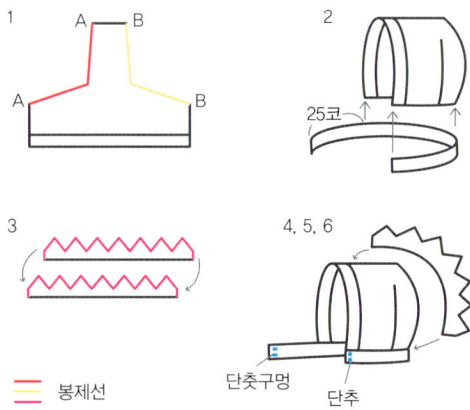

1 A-A, B-B가 만나게 모자 뒤통수를 연결한다.

2 아랫부분 첫 25코를 남겨놓은 후 목둘레 밴드를 꿰맨다.

3 돌기 2장을 안쪽 면끼리 마주 댄 후 가장자리를 꿰맨다.

4 목둘레 밴드와 모자가 만나는 뒷목부터 뒤통수 가운데 부분 2코를 따라 돌기를 꿰맨다.

5 목둘레 밴드의 안뜨기로 뜬 부분에 단춧구멍 2개를 만든다. (기본 뜨개법 참조)

6 단춧구멍을 단 반대쪽 안뜨기로 뜬 부분에 단추 2개를 단다.

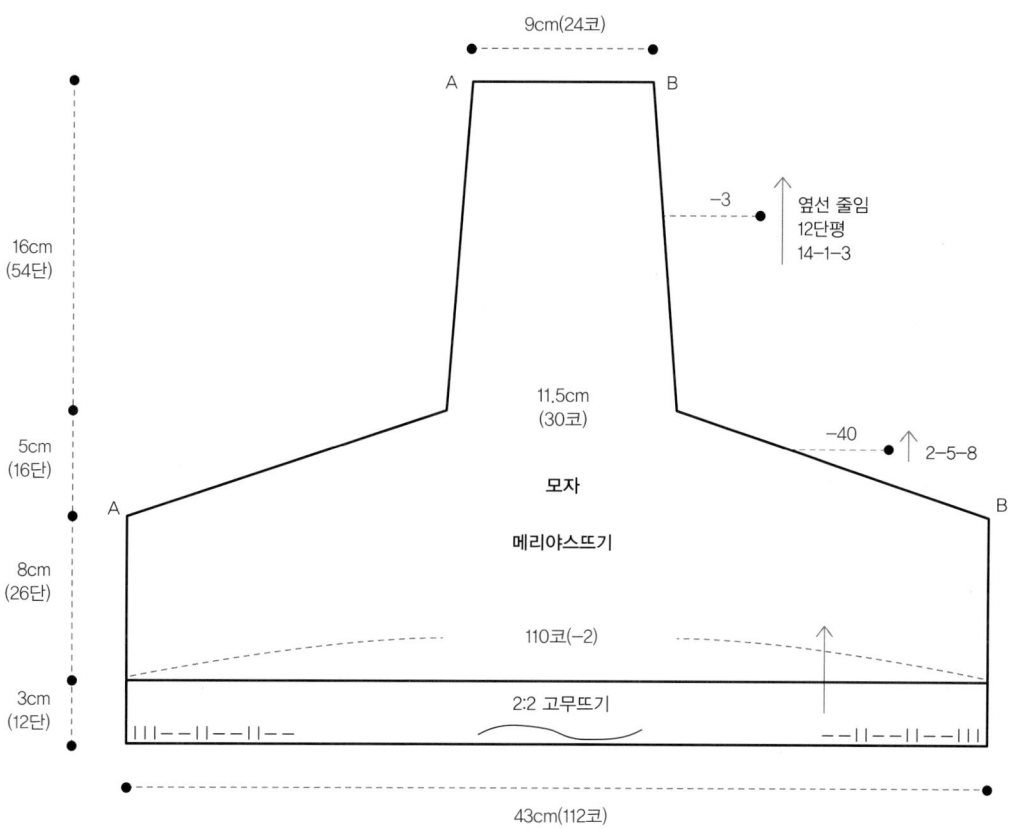

9cm(24코)

A   B

−3   ↑ 옆선 줄임
         12단평
         14−1−3

16cm
(54단)

11.5cm
(30코)

−40 ↑ 2−5−8

5cm
(16단)

모자

A   B

메리야스뜨기

8cm
(26단)

110코(−2)

2:2 고무뜨기

3cm
(12단)

|||−−||−−||−−   −−||−−||−−|||

43cm(112코)

넥워머와 미니백

P54 | Level 🧶

사이즈 8세용(너비 19cm, 길이 58cm)

준비물

실

넥워머: 필다르사 루핑(PHIL LOOPING : 아크릴 80%, 울 20%) 진주황(FEU) 1볼

미니백: 필다르사 루핑(PHIL LOOPING : 아크릴 80%, 울 20%) 진주황(FEU) 1볼

대바늘 5호

*가터뜨기 게이지(대바늘 5mm) 16코 31단

사용한 기법

가터뜨기

만들기

넥워머

1 대바늘 5mm로 시작코 30코를 만든 후 가터뜨기로 이어뜬다. 58cm가 되면 모든 코를 코막음한다.
2 반으로 접어 시작 단과 마지막 단을 꿰매 고리 모양을 만든다.

미니백

1 대바늘 5mm로 시작코 15코를 만든 후 가터뜨기로 이어뜬다. 26cm가 되면 모든 코를 코막음한다.

연결하기

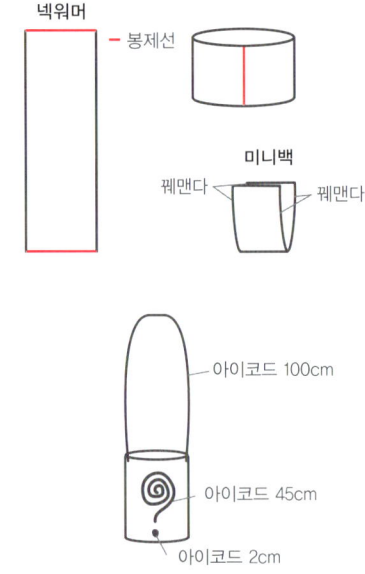

1 반으로 접어 양쪽 옆면을 꿰매어 막아준다.
2 길이 100cm 아이코드를 만든다. (기본 뜨개법 참조)
3 미니백 양쪽 옆면의 안쪽에 고정한다.
4 아이코드 45cm 짜리 1개, 2cm 짜리 1개를 만든다.
5 앞면에 물음표 모양을 만들어 꿰맨다.

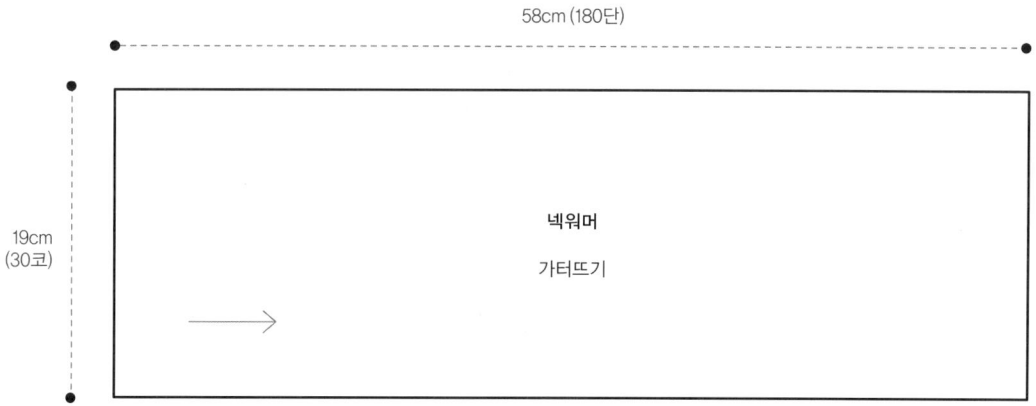

58cm (180단)

19cm
(30코)

넥워머

가터뜨기

26cm(80단)

9.5cm
(15코)

미니백

가터뜨기